Confianza

SERIE INTELIGENCIA EMOCIONAL DE HBR

Serie Inteligencia Emocional de HBR

Cómo ser más humano en el entorno profesional

Esta serie sobre inteligencia emocional, extraída de artículos de la *Harvard Business Review*, presenta textos cuidadosamente seleccionados sobre los aspectos humanos de la vida laboral y personal. Estas lecturas, estimulantes y prácticas, ayudan a conseguir el bienestar emocional en el trabajo.

Mindfulness
Resiliencia
Felicidad
Empatía
El auténtico liderazgo
Influencia y persuasión
Cómo tratar con gente difícil
Liderazgo (Leadership Presence)
Propósito, sentido y pasión
Autoconciencia
Focus
Saber escuchar
Confianza
Poder e influencia

Otro libro sobre inteligencia emocional de la
Harvard Business Review:

Guía HBR: Inteligencia Emocional

Confianza

SERIE INTELIGENCIA EMOCIONAL DE HBR

Reverté Management
Barcelona · México

Harvard Business Review Press
Boston, Massachusetts

Descuentos y ediciones especiales

Los títulos de Reverté Management (REM) se pueden conseguir con importantes descuentos cuando se compran en grandes cantidades para regalos de empresas y promociones de ventas. También se pueden hacer ediciones especiales con logotipos corporativos, cubiertas personalizadas o con fajas y sobrecubiertas añadidas.

Para obtener más detalles e información sobre descuentos tanto en formato impreso como electrónico, póngase en contacto con revertemanagement@reverte.com o llame al teléfono (+34) 93 419 33 36.

Confianza
Serie Inteligencia Emocional de HBR
Confidence
HBR Emotional Intelligence Series

Original work copyright © 2019 Harvard Business School Publishing Corporation
Published by arrangement with Harvard Business Review Press

© Harvard Business School Publishing Corporation, 2019
All rights reserved.

© **Editorial Reverté, S. A., 2020, 2021, 2022**
Loreto 13-15, Local B. 08029 Barcelona – España
revertemanagement.com

3ª impresión: marzo 2022

Edición en papel
ISBN: 978-84-17963-06-4

Edición ebook
ISBN: 978-84-291-9547-7 (ePub)
ISBN: 978-84-291-9548-4 (PDF)

Editores: Ariela Rodríguez / Ramón Reverté
Coordinación editorial y maquetación: Patricia Reverté
Traducción: Jofre Homedes Beutnagel
Revisión de textos: Mariló Caballer Gil
Dibujos páginas 83 a 88: Danke Drawings

Impreso en España – *Printed in Spain*
Depósito legal: B 5558-2020

Impresión: Liberdúplex
Barcelona – España

Contenidos

Contenidos

Contenidos

Confianza

SERIE INTELIGENCIA EMOCIONAL DE HBR

1

Cómo aumentar
la confianza

Amy Gallo

Pocas personas triunfan en el mundo de la empresa si no tienen cierto grado de confianza.

Sin embargo, todos, desde los jóvenes con su primer empleo digno de ese nombre, hasta los líderes curtidos que ocupan lo más alto del escalafón, tienen momentos —o días, meses e, incluso, años— en los que dudan de su capacidad para hacer frente a los desafíos. Nadie es inmune a esos episodios de inseguridad en el trabajo, que no tienen por qué ser un lastre en absoluto.

La opinión de los expertos

«Confianza equivale a seguridad, y esta a emoción positiva, y esta a mejor rendimiento», dice Tony Schwartz, presidente y consejero delegado de The Energy Project, además de autor de *Be Excellent at Anything: The Four Keys to Transforming the Way We Work and Live*; aunque él mismo reconoce que «aún no he conocido a nadie en quien no haga mella la inseguridad, consciente o inconscientemente». El primer paso para superar estas dudas es evaluar nuestras capacidades —y nuestras carencias— con franqueza; y, el segundo, estar lo suficientemente cómodos con ellas como para sacarles partido —y corregirlas—, añade Deborah H. Gruenfeld, titular de la cátedra Moghadam de Liderazgo y Conducta Organizativa, y codirectora del Programa Ejecutivo para Mujeres Líderes de la Escuela de Postgrado de Negocios de Stanford. Seguidamente explicamos cómo hacerlo y cómo poner en marcha el círculo virtuoso que describe Schwartz.

Prepárate

Tenía razón tu profesora de piano: la perfección se adquiere con la práctica. «La mejor manera de adquirir seguridad en un determinado ámbito es dedicándole mucha energía y esfuerzo», asegura Schwartz. Hay mucha gente que se da por vencida cuando tienen la impresión de que no se les da bien un trabajo o una tarea en concreto; asumen que el esfuerzo es inútil. Pero Schwartz defiende que la práctica concienzuda siempre pesa más que las aptitudes innatas. Si dudas de tu capacidad para realizar algo —por ejemplo, hablar delante de mucha gente o negociar con un cliente duro—, empieza poniéndola a prueba en un entorno seguro. «La práctica resulta ser muy provechosa y es del todo aconsejable, porque, además de aumentar la confianza, tiende a mejorar la calidad. Ensaya más de una vez la presentación final antes de que llegue el gran día. Antes de abrir una tienda, haz un ensayo general», dice Gruenfeld. Incluso quienes tienen claras sus capacidades estarán aún más seguros si se preparan mejor.

No te frenes a ti mismo

Las personas seguras de sí mismas, además de que están dispuestas a practicar, también están dispuestas a reconocer que no lo saben todo; entre otras cosas, porque es imposible. «Es mejor saber cuándo necesitas ayuda que no saberlo», explica Gruenfeld. «Para poder admitir que necesitamos orientación o apoyo hace falta cierto grado de confianza, concretamente en nuestra capacidad de aprendizaje».

Tampoco dejes que la modestia te frene. A menudo, nos obsesionamos demasiado por el «qué dirán» para centrarnos en lo que podemos dar, dice Katie Orenstein, fundadora y directora de The OpEd Project, una ONG que fomenta la capacidad de las mujeres para influir en las políticas públicas enviando artículos de opinión a la prensa. «En cuanto te das cuenta lo que vales para los demás, la confianza deja de estar relacionada con el *autobombo*», explica. «De hecho, ya no habría que hablar de confianza, sino de propósito». En vez de preocuparte por lo que puedan pensar de ti o de tu trabajo, concéntrate en lo que tiene de única la perspectiva que aportas.

Pide feedback siempre que lo necesites

Es verdad, no se puede depender al cien por cien de las opiniones ajenas para que alimenten el ego, pero un reconocimiento de vez en cuando resulta muy eficaz para fortalecer la confianza. Gruenfeld nos invita a que pidamos *feedback* a aquellos que se interesan sinceramente por nuestro bien y por la calidad de lo que hacemos. Asegúrate de elegir a personas cuyas valoraciones sean sinceras. Gruenfeld señala que, cuando siempre nos valoran positivamente, dejamos de fiarnos de tales valoraciones. Después, usa como talismán cualquier comentario positivo que te hayan hecho con sinceridad.

Por otro lado, ten en cuenta que hay personas que necesitan más apoyo que otras, así que no tengas miedo en pedirlo. «Según The White House Project, por ejemplo, antes de presentarse a un cargo, muchas mujeres necesitan que alguien les proponga que lo hagan. Esta necesidad de aprobación o del estímulo de otras personas no se observa en los hombres», puntualiza Gruenfeld. No tiene nada de malo necesitar elogios.

Arriésgate

Aprovechar tus puntos fuertes es una estrategia inteligente, pero solo si ello no te impide afrontar nuevos retos. Muchas personas no saben de qué son capaces hasta que se les pone a prueba. «Intenta hacer cosas que crees que no puedes hacer. El fracaso puede ser muy útil para reforzar la confianza», dice Gruenfeld. Claro que del dicho al hecho puede haber un largo trecho... «Es frustrante que se te dé algo mal. Mejorar en algo implica un acto de fe», dice Schwartz. Ahora bien, no lo interpretes como que debemos sentirnos bien a todas horas. De hecho, sin tensiones es imposible crecer. Solicitar ayuda a otras personas puede facilitarlo. Gruenfeld aconseja que pidas permiso a tu superior para experimentar nuevas iniciativas o aptitudes cuando haya relativamente poco en juego, y apoyo al enfrentarte a esos nuevos desafíos.

Principios que recordar

Hazlo:

- Sé sincero contigo mismo sobre lo que sabes y lo que aún tienes que aprender.

- Si no estás muy seguro de algo, practícalo.

- Aprovecha la oportunidad de demostrar que eres capaz de hacer cosas difíciles.

No lo hagas:

- Centrarte demasiado en saber si tienes capacidad o no. Es mejor pensar en el valor que aportas.

- Dudar a la hora de pedir una valoración externa cuando la necesitas.

- Preocuparte por lo que piensan los demás. Céntrate en ti mismo, no en un hipotético público exigente.

Ejemplo #1: Adquiere los conocimientos y no te frenes a ti mismo

En 2010, el consejero delegado del Hospital de Cirugía Especial de Nueva York encargó a Mark Angelo el diseño y la puesta en práctica de un programa de mejora de la calidad y la eficacia. Mark era relativamente nuevo en la organización. El año anterior había colaborado como becario en la administración del hospital, pero como director de operaciones y líneas de servicio llevaba poco tiempo. Al tener experiencia como consultor de gestión, estaba formado en estrategia de operaciones, pero no conocía los principios de la metodología Lean Seis Sigma que debía usar en el proyecto, ni se sentía capacitado para diseñar el programa desde cero. Lo que más le preocupaba era no obtener el apoyo imprescindible de los médicos y enfermeros del hospital. ¿Qué pensarían de que un administrador joven, sin experiencia en hospitales, les pidiera mejorar la calidad e incrementar la eficacia?

Durante cinco meses, sus esfuerzos por encarrilar el proyecto fueron mermando su confianza. Consciente de que uno de los motivos de su temor era estar tan poco familiarizado con la metodología Seis Sigma, leyó varios libros y artículos sobre el tema, habló con asesores especializados e indagó en hospitales que habían diseñado y puesto en práctica con éxito programas similares; pero, aunque todo ello le fue útil, se dio cuenta de que seguía sin estar seguro de contar con el respaldo de las personas indicadas. «Estaba tenso y angustiado porque no tenía la menor idea de cómo iba a transformar la organización. De lo que estaba seguro era de que no podía hacerlo solo. Se necesitaba un esfuerzo colectivo, que incluía al equipo directivo y a toda la plantilla», explicó.

Habló con el consejero delegado, quien lo había apoyado desde el primer día; también buscó apoyo emocional en su familia, y en todas estas conversaciones se dio cuenta de que el origen de su angustia radicaba en el deseo de caer bien a sus compañeros de trabajo, y evitar conflictos. «Después de muchos debates con mi consejero delegado, y de verlo gestionar situaciones parecidas, aprendí que es mejor esforzarse en ser respetado que en ser querido», dijo.

Para Mark fue un punto de inflexión. En vez de preocuparse tanto por lo que pensaran de él los demás, se centró en hacer lo mejor para el paciente y la institución. En diciembre presentó a todo el personal médico su visión del programa. Aunque estaba nervioso por ver cómo sería recibido, sabía que era un momento decisivo. «Conseguí presentarme delante de un colectivo especialmente duro y exponer la visión que habíamos elaborado en los últimos meses», explicó. Su presentación fue recibida con aplausos.

«Al final mi confianza iba creciendo a pasos agigantados, y conseguimos diseñar un programa que desde entonces se ha implantado con gran éxito en todo el hospital. Logré superar mis bloqueos mentales y mis déficits de conocimiento para construir un programa que ayuda de verdad a cambiar nuestra manera de plantearnos la mejora del rendimiento y el cuidado a los pacientes», dijo.

Ejemplo #2: Sé consciente del valor que aportas

Julie Zhou sabía que tenía cosas que decir, pero no sabía muy bien cómo hacerse escuchar. Como jefa de diseño de productos para Facebook, había acumulado conocimientos muy valiosos sobre los productos con los que trabajaba, pero le faltaba seguridad para dar a conocer sus ideas. Estaba acostumbrada a que hubiera pocas mujeres en la sala, aparte de ella. Así le había ocurrido cuando estudiaba informática en

Stanford, y en Facebook seguía pasándole lo mismo. En consecuencia, sabía que tendría que esforzarse especialmente para intervenir, pero el hecho de estar en minoría no era la única razón de su inseguridad: según ella, también sufría el «síndrome del impostor», la sensación de no haberse ganado el derecho a tener ideas propias y de haber llegado adonde estaba por casualidad, no gracias a su esfuerzo.

Un día, alguien de recursos humanos le habló de un taller de The OpEd Project en Stanford, y a Julie le entró curiosidad. Tras asistir al taller y recibir *feedback* positivo sobre sus ideas, probó algo que hasta entonces nunca se le había ocurrido: escribir un artículo de opinión.

En noviembre de 2010 publicó en el *New York Times* un texto titulado «Cuando el anonimato alimenta el desprecio», sobre el peligro del anonimato en las conversaciones online. «La clave fue que alguien me dijera "puedes"», explica. «Nunca se me había ocurrido que pudieran publicar un texto mío, aunque la verdad es que no me costó nada». La reacción que despertó tanto en el taller como al volver a Facebook le dio un subidón de confianza. Desde entonces, sus compañeros de trabajo la han apoyado mucho y, gracias a ello, se ha atrevido a decir lo que piensa. «Aún estoy en ello, claro, pero ya me he vuelto mucho más segura al hablar y al escribir», dice.

AMY GALLO es redactora adjunta de *Harvard Business Review* y autora de *HRB Guide to Dealing with Conflict* (Harvard Business Review, 2017). Escribe y habla sobre dinámicas en el entorno laboral. Síguela en Twitter @amyegallo.

Adaptado del contenido publicado en hbr.org
el 29 de abril de 2011 (producto @H0076H).

2

Supera los ocho obstáculos que limitan la confianza

Rosabeth Moss Kanter

Para estar más seguro de ti mismo —o para que lo estén tus compañeros, tu comunidad, tu familia o tu equipo—, lo primero es saber a qué obstáculos te enfrentas. De nada sirven las mejores resoluciones sin la confianza necesaria para cumplirlas.

La confianza es la expectativa de un desenlace positivo. No es un rasgo de nuestra personalidad, sino el análisis de una situación que nos hace sentirnos motivados. Si tienes confianza, también tienes la motivación para esforzarte, invertir el tiempo y los recursos necesarios y persistir hasta alcanzar tus objetivos. El éxito no viene de la confianza en sí, sino del compromiso y del esfuerzo. Sin confianza es demasiado fácil desistir antes de tiempo, o no llegar ni a empezar. La desesperación impide actuar de forma positiva.

Reunir la confianza necesaria para avanzar hacia tus objetivos pasa por evitar las siguientes ocho trampas:

Suposiciones derrotistas. Como crees que no puedes, ni lo intentas. Una corredora olímpica británica pierde una competición por culpa de un mal paso, y queda tan afectada que renuncia a participar en la siguiente carrera. Un equipo de una empresa se ve tan por debajo de un líder de prestigio mundial que no lo invita a hablar en un acto para sus clientes. A veces, las mujeres con talento «se van antes de irse», en palabras de Sheryl Sandberg, porque al dar por supuesto que no las ascenderán —o que no triunfarán si tienen hijos— empiezan a actuar como si fueran a irse años antes de irse de verdad, y así se cierran puertas sí mismas. Una cosa es ser realista, y otra es ir de perdedor antes de que empiece la partida.

Objetivos demasiado grandes o lejanos. Sé muy bien que los líderes proclaman a menudo su intención de perseguir objetivos difíciles y audaces, pero la verdad es que ponerse únicamente metas gigantescas puede socavar la confianza. La distancia entre una meta enorme y la realidad actual puede ser deprimente y desmotivadora. La confianza viene de pequeñas victorias reiteradas, de una serie de pequeños pasos que nos van acercando a la gran meta, pero hay que valorar cada pequeño paso y convertirlo en una meta por derecho propio. Los ganadores piensan tanto en grande como en pequeño.

Cantar victoria antes de tiempo. Es el problema de las dietas: estás tan contento de haber perdido los primeros kilos que te recompensas con un pastel de chocolate y, luego, al recuperarlos, es tal el desaliento que para consolarte necesitas más pastel. Esta pauta la he observado en un equipo universitario de fútbol americano que llevaba nueve años encadenando derrotas, ¡nueve, sí! Después de su primera victoria en casi una década, un jugador gritó: «¡Ahora, a por el campeonato!». Pero, claro, para conquistarlo tenían que ganar el próximo partido, y lo perdieron. La confianza se consigue paso a paso, disciplinadamente.

Yo me lo guiso y yo me lo como. La idea de que puedes hacerlo todo solo, sin una red de apoyos, y sin apoyar a los demás, es una trampa. Los equipos perdedores también cuentan con estrellas, pero se centran en sus propios récords, no en el rendimiento del equipo, y los rencores y desigualdades resultantes provocan peleas internas que arrastran a todos los jugadores. Para tener más confianza en ti mismo, piensa en potenciar la ajena y crear una cultura en la que todos tengan más posibilidades de éxito, sea tutelándolos, sea reconociendo sus méritos. Dar estimula la felicidad y la autoestima. Lo demuestran muchas investigaciones. Apoyando a los demás será más fácil que los demás te apoyen a ti.

Culpar a otros. La confianza se basa en responsabilizarse de los propios actos. Hasta en las circunstancias más difíciles podemos elegir cómo reaccionar ante la adversidad. Lamentar daños pasados reduce la confianza en las posibilidades del futuro. Cuando en una empresa se instala ese juego de reproches, conlleva a una pérdida de confianza generalizada que se extiende incluso a las partes interesadas de fuera de la empresa. La confianza es el arte de superarse.

Ponerse a la defensiva. Una cosa es escuchar las voces críticas, y reaccionar en consonancia, y otra es contestar antes de que hayan dicho nada. Si no te atacan, no te defiendas. Pide perdón por tus errores, pero no por quién eres o por cómo eres. Siente orgullo por tu trayectoria, y usa tus puntos fuertes para marcar el camino.

No saber anticiparse a los contratiempos. La confianza comporta cierto grado de realismo. No se trata de un optimismo ciego, de pensar que todo acabará bien pase lo que pase. La confianza nace de saber que en el camino hacia las grandes victorias habrá errores, problemas y pequeñas pérdidas. A fin de cuentas, hasta los equipos ganadores suelen ir a remolque en algún momento del partido. Cuando te fijas en qué puede salir mal, cuando meditas sobre las alternativas y te sientes preparado para todo lo que pueda pasar, la confianza va a más.

Un exceso de confianza. La confianza se sitúa en ese punto intermedio entre la desesperación y la prepotencia. No dejes que se te vaya de las manos y acabe convirtiéndose en arrogancia. El exceso de confianza es el azote de las economías —véase la euforia irracional que precedió a la crisis financiera mundial—, de los líderes corruptos —convencidos de que son tan necesarios que no les pasará nada por algún pequeño trapicheo con las cuentas— o de los fanfarrones que se consideran con derecho al éxito sin esforzarse. La arrogancia y la complacencia llevan a descuidar lo básico, a hacer oídos sordos ante las críticas y a cerrar los ojos ante los grandes cambios; lo cual constituye una trampa tanto para las empresas como para las personas. Por algo se dice que «desde lo alto, más dura será la caída»: las malas rachas empiezan a menudo por una buena racha. Un poco de humildad es esencial para moderar la prepotencia sin renunciar a la dosis justa y necesaria de confianza.

––––––––––

Recuerda que no basta solo con *tener confianza*. También hay que trabajar. Ahora bien, la expectativa del éxito puede llevar a probar cosas nuevas, asociarse con nuevas personas, contribuir al éxito en común y disfrutar de las pequeñas victorias que nos aproximan a las grandes metas.

ROSABETH MOSS KANTER es profesora en Harvard Business School, y presidenta y directora de la Harvard Advanced Leadership Initiative. Su último libro es *MOVE: How to Rebuild and Reinvent America's Infraestructura*. Síguela en Facebook y Twitter @RosabethKanter.

Adaptado del contenido publicado en hbr.org
el 3 de enero de 2014 (producto #H00M4Q).

3

El «síndrome del impostor» afecta a todo el mundo. Esta es la manera de vencerlo

Andy Molinsky

Uno de los grandes obstáculos para salir de nuestra zona de confort es el miedo a parecer un farsante, de no estar a la altura, y de que nuestras aptitudes no se ajusten ni remotamente a nuestros objetivos. Se trata de un miedo que nos afecta a muchos: el «síndrome del impostor».

Yo mismo puedo asegurar que he pensado de este modo en más de una ocasión a la hora de publicar un texto, tanto en blogs como en forma de libro, y también en mis primeras clases de universidad, y en mis charlas para el mundo empresarial. Por fuera puedo parecer una persona segura de sí misma, pero por dentro soy muy inseguro, y en repetidas ocasiones me pregunto quién soy yo para hacer lo que hago.

¿Realmente tengo algo que decir que pueda interesar a los demás?

No soy el único. Hace unos años, en un conmovedor discurso de graduación, la actriz —y exalumna de Harvard— Natalie Portman describió las dudas que había experimentado en la facultad: «Tenía la sensación de que había un error, de que no era bastante lista para estar con gente así y de que cada vez que abriera la boca tendría que demostrar que era algo más que una actriz tonta». Howard Schultz, antiguo presidente y consejero delegado de Starbucks, manifestó que él y otros consejeros delegados que conoce sienten lo mismo: «Más allá de la experiencia que se tenga en estos cargos, hay muy poca gente que al sentarse en el sillón se considere capacitado para ser el consejero delegado. No lo dirán, pero es así».[1]

¿Qué se puede hacer para superar esta sensación de insuficiencia que a tantos nos afecta?

El primer truco es algo que Portman destacó en su discurso de Harvard, que me ha sido de bastante utilidad: darse cuenta de lo bueno que tiene ser novato.

Aunque no siempre lo veamos, ser nuevo en un ámbito presenta muchas ventajas. Cuando aún no te has impregnado de las convenciones de una profesión determinada, puedes hacer preguntas que no se habían hecho antes, o abordar un problema de un modo que no se les había ocurrido a los demás.

No es de extrañar que, por ejemplo, algunas de las mejores ideas que oigo como profesor vengan de alumnos de grado y con poca experiencia, de gente que puede pensar con la frescura de quien ve las cosas desde fuera. En el mundo de la empresa pasa lo mismo. La compañía farmacéutica Eli Lilly ha creado una plataforma de *crowdsourcing*, InnoCentive, en la que innovadores ajenos a la empresa cobran por resolver problemas que entorpecen el buen funcionamiento de esta última. ¡Y funciona! De hecho, según un estudio de Karim Lakhani, de la Harvard Business School, muchos problemas los resuelve gente de otros ámbitos, como cuando un físico soluciona un problema de química.[2] Por lo tanto, la próxima vez que no te sientas facultado para algo, recuerda que tu perspectiva, como persona ajena a ese papel, puede ser la más crítica.

El segundo truco para combatir el síndrome del impostor es centrarte más en lo que aprendes que en lo que rindes. Según la psicóloga Carol Dweck, es precisamente el tipo de pensamientos que provoca en nosotros el síndrome del impostor lo que podemos llegar a controlar.[3] Con un *marco mental (o mentalidad) de rendimiento,* que es el que suelen tener las personas aquejadas de este síndrome, se tiende a tener la sensación de insuficiencia o a ver los errores cometidos como evidencias de limitaciones subyacentes. Esta actitud solo sirve para alimentar el temor a no estar capacitado para tu trabajo. Frente a ello, puedes optar por cultivar un *marco mental de aprendizaje.* Desde esta perspectiva se viven las limitaciones de un modo muy distinto. Los errores se entienden como una parte inevitable del proceso de aprendizaje, no como una prueba más de las carencias latentes.

Llegamos así al tercer truco: tomar conciencia del poder de contemplar los hechos desde cierta perspectiva. A menudo, quienes experimentamos el síndrome del impostor tenemos la impresión de que somos los únicos que lo sentimos, pero la realidad es muy distinta. A principios de mi carrera llegaba a las reuniones con nuevos contactos convencido de que era el único con miedo a entablar conversación con desconocidos, pero con el paso del tiempo me he dado cuenta de que es un miedo común a casi todos los presentes. Según un estudio reciente de Vantage Hill Partners, lo que más temen los ejecutivos en todo el mundo es que se les considere incompetentes.[4] Si te sientes así, lo más probable, por lo tanto, es que otros en tu misma situación se sientan exactamente igual. Por reproducir una ocurrencia de Tina Fey: «Me he dado cuenta de que casi todo el mundo se siente como un farsante, así que intento que no me afecte mucho».[5]

Quizás no sea fácil vencer al síndrome del impostor, pero se puede superar. No hay ninguna necesidad de que te sientas impotente o solo. La próxima vez que te encuentres en una situación que te parezca completamente ajena a tu zona de confort, en vez de centrarte en tus carencias considérala como una oportunidad para aprender de tus errores y para crear una nueva perspectiva que quizá no tengan los demás.

ANDY MOLINSKY es profesor de Conducta Organizacional en la Brandeis International Business School, y autor de *Global Dexterity: How to Adapt Your Behavior Across Cultures Without Losing Yourself in the Process* y *Reach: A New Strategy to Help You Step Outside Your Comfort Zone, Rise to the Challenge, and Build Confidence.*

Notas

1. Howard Schultz, «Good C.E.O.'s Are Insecure (and Know It)», entrevista por Adam Bryant, *New York Times*, 9 de octubre de 2010.
2. Karim R. Lakhani *et al.*, «The Value of Openness in Scientific Problem Solving», documento de trabajo 07-050, Boston, Harvard Business School, 2007: cort.as/-KRe9.
3. Carol Dweck, «The Power of Believing That You Can Improve», filmado en noviembre de 2014 en Norrköping, Suecia, conferencia TED: cort.as/-KReB.
4. Roger Jones, «What CEOS Are Afraid Of», hbr.org, 24 de febrero de 2015: cort.as/-KReF.
5. «Tina Fey - From Spoofer to Movie Stardom», *The Independent*, 19 de marzo de 2010, cort.as/-KReK.

Adaptado del contenido publicado en hbr.org,
7 de julio de 2016 (producto #H02ZSC).

4

Los secretos de la preparación mental de los deportistas de élite

Sarah Green Carmichael
entrevista a Daniel McGinn

Sarah Green Carmichael: *Bienvenidos al HBR Idea-Cast de Harvard Business Review. Soy Sarah Green Carmichael. Antes de un gran partido, los jugadores de un equipo se mentalizan dándose ánimos unos a los otros, escuchando canciones motivadoras durante el calentamiento, o siguiendo alguna rutina previa en especial. A continuación, hay un discurso en el vestuario, que en el cine ha sido escenificado muchas veces, en el que el entrenador llama a los jugadores a la grandeza:*

[Fragmento de *Miracle*]:

Herb Brooks: Estoy harto de escuchar qué gran equipo de hockey tienen los soviéticos. Al diablo con ellos. Ahora es vuestro momento. Vamos, salid y aprovechadlo.

¿Pero cuál es el equivalente a estos discursos en el mundo laboral? ¿Cómo se prepara uno cuando tiene por delante una gran presentación, una entrevista de trabajo, una reunión de ventas trimestral o una

situación que exige darlo todo? Si eres como la mayoría de la gente, lo más probable es que pienses en lo que dirás y lo que te pondrás, y luego... pues nada, te presentas y ya está.

A Dan McGinn, editor sénior de HBR, le parece que podríamos hacerlo mejor inspirándonos en cómo se preparan los deportistas y los artistas escénicos. Es autor del artículo «The Science of Pep Talks», publicado en el número de julio-agosto de 2017 de Harvard Business Review, y también del libro «Psyched Up: How the Science of Mental Preparation Can Help You Succeed». Gracias por estar hoy con nosotros, Dan.

Daniel McGinn: Gracias a ti, Sarah.

¿Te has tenido que mentalizar para escribir este libro?

Pues la verdad es que sí. Escribir este libro cambió la forma en la que me preparo para hacer mi trabajo de escritor cada mañana, o muchas mañanas.

Si sigues los deportes de manera asidua, te acostumbras a ver a los deportistas y lo que hacen durante el calentamiento. Suelen llevar auriculares, y sabes que escuchan un tipo concreto de canciones. No se las ponen al azar. Te habitúas a las charlas en el vestuario, y a esa especial expresión en sus rostros de intensa concentración.

Es lo que aprenden. Hay psicólogos deportivos que les enseñan qué tienen que pensar exactamente antes de los partidos. Mi argumento es que hoy en día, en el mundo laboral, los tiros van cada vez más por ahí. Ya no se trata tanto de trabajar como en la fábrica, de hacer cada día lo mismo, sino de defender proyectos, de hacer presentaciones, de conseguir ventas por teléfono, y para intentar abstraernos de cualquier otra cosa deberíamos tomar ejemplo de los deportistas.

Estoy pensando que al llegar cada día a mi trabajo tal vez debería correr por los pasillos y chocar la mano con todos los editores, y luego morder un bolígrafo

y volver a ponerlo en su sitio, o hacer otras locuras.
¿Hasta qué punto son factibles algunas de estas prác-
ticas a diario?

Bueno, está claro que si nuestro director, Adi Ignatius, nos hiciera un discurso como el de Knute Rockne antes de sentarnos a corregir artículos, nos parecería que está un poco loco. Por si no sabes de quién te hablo, Rockne era el mítico entrenador de fútbol americano del Notre Dame en los años veinte.

¿Por qué tiene rituales la gente? ¿Y por qué hay tantos estudios que parecen indicar que funcionan? Una teoría es que nos ayudan a acordarnos de cuánto hemos practicado. Nos ayudan a alinear cuerpo y mente. La otra es que nos permiten concentrarnos en algo más que en los nervios y la preocupación. Un ejemplo serían los entierros: son situaciones muy incómodas, y hay toda una serie de rituales que condicionan los actos de los asistentes. La razón es justamente lo que tienen de incómodos, y la necesidad de seguir una pauta establecida que nos ayude a no pensar en nuestro nerviosismo.

Total, que los rituales tienen un componente de distracción. Ayudan a adaptarnos a la situación. No es que proponga que nos echemos todos a correr y vayamos chocando pecho contra pecho antes de ir a nuestras mesas; lo que estoy diciendo es que, si antes de empezar a trabajar adquieres algún hábito personal que consiga tranquilizarte y enfocarte, quizá te salga todo algo mejor.

Vaya, que gran parte de lo que hacen los deportistas y los actores es para paliar los nervios antes de salir ante el público, pero ¿no se supone que un poco de nerviosismo es bueno para ponerse las pilas antes de un gran momento?

Sí, eso está claro. A mí en el instituto no se me daban muy bien los deportes, y me embarqué en este reportaje pensando que en gran parte se trataba de una cuestión de adrenalina, de mentalizarse, de ponerse las pilas, de estar a tope de energía, pero al ir investigando me he dado cuenta de lo simplista que era esa visión.

La adrenalina es una respuesta fisiológica. En realidad, la clave está mucho más en lo que sientes, en paliar la ansiedad, intentar potenciar la confianza y tratar de gestionar los niveles de energía para que se ajusten a lo que deseas hacer. No es lo mismo ser luchador de la WWE que pronunciar unas palabras en tu graduación. Vaya, que hay que calibrar el nivel de energía para asegurarse de que sea el más indicado para la actividad que estás realizando.

¿Y qué me dices de intentar tener más confianza en uno mismo? Para eso, ¿sirven de algo los rituales? ¿O es como en la película Dumbo, cuando el elefantito lleva esa pluma tan ridícula y se piensa que vuela gracias a ella? ¿No será que me ayuda porque creo que me ayuda?

Por supuesto, en ese sentido la pluma sería un ejemplo de ritual supersticioso, porque es evidente que en el fondo no le ayuda a volar. Es puro efecto placebo. Lo que te puede ayudar a tener más confianza en ti mismo es controlar tus pautas mentales y pensar en lo que yo llamaría tus «grandes éxitos». Por ejemplo, Sarah, si tuvieras que mentalizarte tú para el programa, deberías pensar en las mejores entrevistas que has hecho en *podcast*. Hasta podría irte bien volver cinco minutos a tu mesa y escuchar una o dos.

Hace un rato, antes de entrar contigo en esta sala, he vuelto a escuchar la mejor entrevista que me hiciste, porque así he pensado: «Anda, pero qué bien lo haces». Es lo que conviene pensar antes de situaciones similares. Ya sé que suena cursi. No sé si te acuerdas de las autoafirmaciones de Stuart Smalley en *Saturday Night Live*, en los años noventa: «Soy especial... A la gente le gusto». Pues funciona, oye. Los mensajes deben ser optimistas y positivos. Tener confianza. Acordarte de tus grandes éxitos. Y, en resumidas cuentas: motivarte y mentalizarte con la idea de que ya lo has hecho otras veces y puedes volver a hacerlo.

¿Te has encontrado con alguna organización donde practiquen de verdad lo de pararse y darse tiempo para poder recordar tus grandes logros?

En la academia militar de West Point pasé un día en lo que llaman «centro de rendimiento mejorado», formado por un equipo de psicólogos, y una de las cosas que hacen es colocar a sus atletas y cadetes en unos sillones envolventes, con forma de huevo, y ponerles pistas de audio personalizadas donde les dicen lo buenos que son.

Observé a un portero de *lacrosse*. Había un actor profesional que recitaba sobre un fondo musical: «John, eres el mejor portero de *lacrosse* de la historia. ¿Te acuerdas del partido contra Shrewsbury High, cuando hiciste tal y cual?». Vaya, que es como una vuelta a los grandes éxitos personales, sí. Probablemente sea ese el ejemplo más evidente y llamativo que me he encontrado.

En ocasiones, ¿podría ser tan eficaz como para llegar a un punto en el que te pases de confiado y acabes rindiendo menos?

Sí, claro. Yo creo que en entornos deportivos o de empresa se ven ejemplos de organizaciones que se vuelven demasiado confiadas, demasiado seguras de su dominio, demasiado complacientes. Sin embargo, pienso que en el caso del trabajador medio que se prepara para una entrevista de trabajo, una situación de jugarse el todo por el todo, una presentación importante o una negociación, probablemente de lo que sufra un poco demasiado sea de falta de confianza o de síndrome del impostor. En líneas generales, a la mayoría de la gente le iría bien potenciar un poco más la confianza.

Una de las cosas que más me ha sorprendido en el libro es cuando explicas que los golfistas que usaban palos de Tiger Woods, o palos que les habían dicho que eran de Tiger Woods —no estoy segura de que él participara en el estudio—, jugaban mejor que los que usaban un palo normal y corriente. ¿Eso cómo funciona?

Es un proceso que se llama «contagio social». La teoría es que saber que alguien famoso, o muy bueno en lo suyo, ha tocado físicamente un objeto le transmite poderes mágicos. En mi libro intenté ponerlo a prueba. Me puse en contacto con Malcolm Gladwell, que es un ensayista muy conocido y de mucho éxito, y le pedí permiso para escribir el libro en un teclado que hubiera usado él. Te aseguro que me ayudó saber que un escritor tan bueno había escrito y trabajado con las mismas teclas. Lo que no sé es si el palo de Tiger Woods me ayudaría a jugar mejor a golf, porque como golfista soy un caso perdido, te lo digo en serio. [Risas]

Sí, la verdad es que he leído que hay estudios parecidos —lo rigurosos que son ya no lo sé— que indican que cuando las mujeres van con tacones se sienten más seguras. Yo creo que en mi caso sucede lo contrario, porque me cuesta una barbaridad caminar con tacones. En todo caso, si eres Stephen Colbert, David Ortiz o alguna otra de las grandes estrellas de las que hablas en el libro, estás en situación de controlar tu entorno para cumplir con el ritual, pero yo creo que la mayoría de las personas, en la oficina, la sensación que tenemos no es de controlar nuestro espacio. Los que no somos ni David Ortiz ni Stephen Colbert, ¿cómo podemos apartar algo de tiempo para esos rituales tan potentes?

Tampoco hace falta que sean muy elaborados, ni nada que llame la atención. Mira, yo lo que hago, aunque no cada día, es ponerme unos auriculares con supresión de ruido. Por un lado, cubren un aspecto funcional, porque te aíslan del ruido; pero, por otro, la sensación de llevarlos puestos es una señal que me doy a mí mismo de que tengo que venir a trabajar. En parte es una simple señal pavloviana a nuestro cuerpo, como si dijéramos:

«Bueno, ya es la hora de ponerme a trabajar». Vaya, que no hace falta tirar polvo de tiza al aire, ni gesticular de manera estrambótica. Puede ser tan sencillo como lo que yo hago.

DANIEL MCGINN es editor sénior de *Harvard Business Review* y autor de *Psyched Up: How the Science of Mental Preparation Can Help You Succeed*. Síguelo en Twitter @danmcginn. SARAH GREEN CARMICHAEL ha sido redactora ejecutiva de *Harvard Business Review*. Síguela en Twitter @skgreen.

Adaptado de «Mental Preparation Secrets of Top Athletes, Entertainers and Surgeons», en *HBR IdeaCast* (podcast), 29 de junio de 2017.

5

Investigación: aprender poco sobre algo genera un exceso de confianza

Carmen Sanchez y David Dunning

Como dijo una vez el jugador de béisbol Vernon Law, la experiencia es un profesor muy duro: primero te pone el examen, y solo después te da la clase.

Esta observación podría explicar el resultado de un estudio patrocinado por la Asociación de Universidades Americanas: el 64% de los estudiantes universitarios se declaraba bien preparado para el trabajo en equipo, el 66% se atribuía buenas dotes para el pensamiento crítico, y el 65% aseguraba dominar la comunicación escrita. Sin embargo, menos del 40% de los jefes que hacía poco habían contratado a estudiantes universitarios estaban de acuerdo con alguna de las tres afirmaciones. Los estudiantes se veían mucho más adelantados en la curva de aprendizaje hacia el éxito laboral que sus futuros jefes.[1]

El exceso de confianza en los principiantes

Nuestra investigación se centra en el exceso de confianza a medida que las personas se enfrentan a nuevos desafíos y aprenden. Los principiantes son vulnerables por naturaleza al exceso de optimismo y confianza. Nuestro trabajo se dedica a analizar la forma y la cronología exactas de ese injustificado exceso de confianza.

Una de las teorías más comunes es que los principiantes siempre están demasiado seguros de sí mismos. Se embarcan en nuevos trabajos o tareas como «incompetentes inconscientes», sin una idea clara de lo que no saben, y los errores y pifias en los que inevitablemente incurren van concienciándolos de sus limitaciones.

Nuestro trabajo, sin embargo, sugiere lo contrario. Los principiantes que empiezan desde cero pueden ser perfectamente conscientes y precavidos con respecto a lo que no saben; la incompetencia inconsciente es, en cambio, algo en lo que se convierten. Un poco de experiencia puede provocar que su cautela inicial sea reemplazada por una falsa sensación de competencia.

Nuestra investigación se ha centrado en un ejercicio concreto y muy común del aprendizaje probabilístico, como es aprender a interpretar las señales del entorno para predecir un resultado.[2] Para pronosticar qué acciones subirán, qué candidato cubrirá mejor una vacante o qué enfermedad sufre un paciente, por ejemplo, es necesario recurrir a varias señales del entorno. Pueden ser tareas difíciles —hasta el mayor de los expertos se equivoca alguna vez en su predicción—, pero en muchas situaciones es imprescindible tomar una decisión.

En un estudio de laboratorio pedimos a los participantes que se imaginasen que eran médicos residentes en un mundo postapocalíptico invadido por zombis —teníamos la certeza de que para todos los participantes sería una situación novedosa, que les permitiría empezar desde cero—. La prueba, repetida sesenta veces, consistía en analizar los síntomas de un paciente —si tenía los ojos brillantes, un absceso o una inflamación cerebral— y diagnosticar si estaba sano o si había contraído alguna de las dos enfermedades de los zombis. Mediante el sistema de prueba y error, los participantes tenían que aprender en qué síntomas basarse para identificar infecciones zombis. Como ocurre en el diagnóstico médico real de un trastorno —no de un zombi—, los síntomas eran pistas informativas, pero no concluyentes. Ciertos síntomas hacían más probable un diagnóstico, pero no siempre estaban presentes. Otros posibles síntomas eran sencillamente pistas falsas. Los participantes diagnosticaban uno por uno a los pacientes, y al término de cada diagnóstico recibían *feedback*.

La burbuja del principiante

Constatamos que la gente aprendía a realizar esta tarea mediante un proceso lento, gradual y lleno de dificultades, y que su rendimiento mejoraba un poco con cada paciente.

La confianza seguía otro camino muy distinto. En todos los estudios, los participantes empezaban con una estimación bastante exacta del acierto de sus diagnósticos. Empezaban pensando que acertaban en un 50% de las veces, cuando el índice real de acierto era del 55%. Sin embargo, tras analizar los síntomas de unos cuantos pacientes, su confianza se disparaba y se situaba muy por delante de la precisión real que conseguían, y en poco tiempo calculaban que su índice de aciertos era del 73%, cuando ni siquiera había llegado al 60% (véase figura 1).

Parece, pues, que Alexander Pope estaba en lo cierto al decir que aprender poco es peligroso. A los participantes de nuestros estudios les bastaba ese poco para tener la sensación de que habían aprendido a hacer lo que se les pedía. Después de unos cuantos intentos, estaban tan confiados en sus juicios como lo iban a estar durante el resto de todo el experimento. Habían entrado en lo que se nos

FIGURA 1

Los novatos absolutos no tienen confianza pero, cuando su confianza va en aumento, lo hace a mayor ritmo que el acierto real.

En un experimento de laboratorio, los «médicos» tardaron muy poco en empezar a sobrestimar su capacidad de diagnóstico.

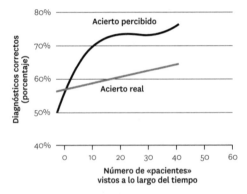

Fuente: Carmen Sanchez y David Dunning, «Overconfidence Among Beginners: Is a Little Learning a Dangerous Thing?», *Journal of Personality and Social Psychology*, 2018.

ocurrió llamar la «burbuja del principiante», determinada por un exceso de confianza.

¿A qué se debía esta confianza galopante? Con posterioridad hicimos otro estudio que nos permitió determinar la causa: los participantes, de forma entusiasta, empezaron a formarse impresiones precipitadas y fiables de sí mismos sobre su capacidad de llevar a cabo un diagnóstico médico a partir de una cantidad ínfima de datos. El problema es que los datos, en pequeñas cantidades, a menudo contienen mucho ruido y pistas falsas, y que en general es necesaria una cantidad mucho mayor de información para poder eliminar el caos externo y aislar la pista válida. Sabemos por varios estudios clásicos que de esta realidad la gente no es consciente,[3] sino que presupone que cualquier pequeña secuencia de datos representa el mundo igual de bien que las secuencias largas.

A pesar de todo, nuestros estudios parecen indicar que, al final, la gente sí que aprende, al menos hasta cierto punto. Una vez formada su burbuja, el exceso de confianza de muchos participantes se estabilizaba y disminuía levemente. La gente no tardaba en darse cuenta de que sus teorías iniciales, a menudo desencaminadas, debían ser corregidas; y las corregían. Pero después de una fase de corrección la confianza

FIGURA 2

El exceso de confianza disminuye —ligeramente— con la experiencia

Sin embargo, según un experimento de laboratorio que imita consultas hospitalarias, esta moderación no dura mucho.

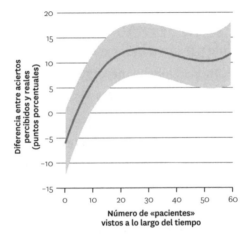

Fuente: Carmen Sanchez y David Dunning, «Overconfidence Among Beginners: Is a Little Learning a Dangerous Thing?», *Journal of Personality and Social Psychology*, 2018.

volvía a aumentar, sin que nunca el nivel de acierto lo hiciera en el mismo grado. Es importante señalar que, aunque este segundo pico de confianza no entraba en las previsiones, apareció con regularidad en todos nuestros estudios (véase la figura 2).

La burbuja del principiante en el mundo real

Esta pauta reaparece en el mundo real. Otros estudios han permitido constatar que los médicos que aprenden a operar la columna vertebral no suelen empezar a cometer errores hasta la decimoquinta intervención.[4] También los pilotos principiantes registran pocos accidentes, pero a partir de un momento la tasa de accidentes empieza a incrementarse hasta alcanzar el máximo sobre las ochocientas horas de vuelo, momento en el que vuelve a descender.[5]

Fuera del laboratorio también hemos encontrado indicios de la burbuja del principiante. Como en el caso del aprendizaje probabilístico, se ha demostrado que la mayoría de las personas menores de 18 años tienen muy pocos conocimientos de economía personal.[6]

Los sistemas de educación primaria y secundaria, por lo general, no enseñan conocimientos económicos básicos, y por eso casi todos aprendemos a gestionar nuestra economía personal a base de errores.

Una serie de estudios sobre competencia financiera a cargo de la Financial Industry Regulatory Authority nos ha permitido observar ecos de nuestros resultados de laboratorio a lo largo del ciclo vital.[7] Cada estudio partía de una muestra representativa a nivel nacional de veinticinco mil encuestados que, tras someterse a un breve examen de conocimientos económicos, formulaban una estimación de hasta qué punto se consideraban expertos en finanzas personales. Como en el laboratorio, ambos estudios mostraban que el conocimiento financiero real aumentaba de manera lenta, progresiva y uniforme en todos los grupos de edad.

Por el contrario, la autoconfianza se disparaba entre finales de la adolescencia y principios de la edad adulta, para luego estabilizarse entre los encuestados de edad más madura, al menos hasta el umbral de la tercera edad, cuando volvía a aumentar; resultado que encaja a la perfección con nuestras pautas de laboratorio.

Conviene resaltar que nuestro estudio tiene sus limitaciones. En nuestros experimentos, los participantes recibían un *feedback* perfecto después de cada prueba. En la vida real, no siempre se dispone de *feedback* de este tipo. Por otra parte, nuestro seguimiento de la evolución de la confianza se ceñía al aprendizaje de trabajos completamente nuevos, pero muchas tareas que se aprenden permiten aplicar conocimientos previos. Ignoramos cómo evolucionaría la confianza en situaciones de ese tipo. En esta misma línea, no podemos estar seguros de la progresión del exceso de confianza más allá del ensayo número sesenta.

Con todas estas salvedades, nuestros estudios parecen indicar que a un principiante le resulta doblemente difícil trabajar. Por un lado está el esfuerzo mismo de aprender, naturalmente, pero el novato también debe ponerse en guardia contra la ilusión de haber aprendido demasiado deprisa. Quizá el mejor remedio para esta burbuja del principiante lo propusiera Alexander Pope al decir que si unos pocos y superficiales tragos de experiencia embriagan el cerebro, la única cura es seguir bebiendo hasta recuperar la sobriedad.

CARMEN SANCHEZ está cursando el doctorado en Psicología Social y de la Personalidad en la Universidad Cornell. Estudia los cambios en la percepción de las propias capacidades durante el aprendizaje, las diferencias culturales en la autosuperación y la toma de decisiones económicas. DAVID DUNNING es profesor de Psicología en la Universidad de Michigan. Como investigador se centra en la psicología de las falsas creencias y, especialmente, en los errores de autopercepción.

Notas

1. Hart Research Associates, *Falling Short? College Learning and Career Success*, Washington, Association of American Colleges and Universities, 2015: cort.as/-KRxV.
2. Carmen Sanchez y David Dunning, «Overconfidence Among Beginners: Is a Little Learning a Dangerous Thing?», *Journal of Personality and Social Psychology*, 114, n.º 1 (2018), pp. 10-28.
3. Ibíd.

4. Bawarjan Schatlo *et al.*, «Unskilled Unawareness and the Learning Curve in Robotic Spine Surgery», *Acta Neurochirurgica*, 157, nº 10 (octubre de 2015), pp. 1819-1823.

5. William R. Knecht, «The "Killing Zone" Revisited: Serial Nonlinearities Predict General Aviation Accident Rates from Pilot Total Flight Hours», *Accident Analysis & Prevention*, 60 (noviembre de 2013), pp. 50-56.

6. Stephen Avard *et al.*, «The Financial Knowledge of College Freshmen», *College Student Journal*, 39, nº 2 (junio de 2005), pp. 321-339.

7. FINRA Investor Education Foundation, *Financial Capability in the United States 2016*, julio de 2016: cort.as/-KRxi.

Adaptado del contenido publicado en hbr.org
el 29 de marzo de 2018 (producto #H048R2).

6

¿Entrevista de trabajo? Métete en el personaje y ensaya

Cathy Salit

Has conseguido una entrevista para el trabajo de tus sueños. Tu formación es idónea para el cargo y tienes un currículum a prueba de bombas. Has hecho averiguaciones sobre la empresa, su cultura, el puesto de trabajo y la persona que te entrevistará (gracias, LinkedIn). Llevas preparadas tus respuestas, y tus cartas bajo la manga, pero cuando empieza la entrevista hay algo que no cuadra. Quieres que parezca que lo tienes todo bajo control, pero el nerviosismo te está jugando una mala pasada. Te expresas con rigidez. Te oyes a ti mismo hablando de manera encorsetada, pero por mucho que te esfuerzas no consigues evitarlo. Van pasando los minutos y tus respuestas suenan cada vez más parecidas a un monólogo enlatado. El entrevistador tampoco entra en el juego. El puesto se te escapa, se te escapa, se te escapa...

¿Qué ha pasado?

A mi modo de ver, lo más probable es que hayas preparado bien el contenido, pero que —al igual que la mayoría de la gente— no te hayas preparado en algo tan importante, o más, que el contenido: la *interpretación*. Sí, la interpretación, como en el teatro. Del mismo modo que un actor prepara el personaje que va a interpretar en el escenario o en una película, tú puedes tomar prestados algunos de sus trucos o herramientas para preparar el personaje que vas a interpretar durante la entrevista. Para ese tipo de escena necesitarás transmitir seguridad, competencia, simpatía y flexibilidad, entre otras cosas. ¿Cómo hacerlo en situaciones donde hay mucho en juego? Pues sacando el máximo partido a tu capacidad innata de imaginar y fingir, y creando un personaje.

—Un momento, un momento —oigo que me dices—. ¿Personaje? ¿Fingir? ¿Y mi verdadero yo?

Me lo preguntan mucho, y hacen bien: hay muchos coachs personales y expertos en entrevistas laborales que ensalzan la autenticidad, la conducta basada en valores y la falta de artificios en el puesto de trabajo.

Mi compañía lleva dos décadas centrando sus actividades e investigaciones en lo que llamamos el «principio de transformación»: usar las herramientas de la interpretación teatral para despertar el poder transformador de convertirnos en lo que no somos... todavía. Usando a conciencia nuestra facultad de fingir e interpretar, podemos desarrollar partes nuevas —y auténticas— de nuestro yo (en inglés, uno de los componentes de la palabra *pretend*, «fingir», es el verbo latino *tendere*; es decir, «extender», no simular, ni ponerse una máscara). Es una idea que cuadra con las conclusiones de Herminia Ibarra en un artículo de referencia para HBR, «The Authenticity Paradox». Según la autora, la adhesión a un «verdadero yo» puede ser un lastre para enfrentarnos a nuevos desafíos o a papeles de mayor importancia. Por decirlo de otra manera, ciñéndote a «tu historia» te limitas.

En la entrevista de trabajo lo que haces es, literalmente, un «casting» para un nuevo papel. Potenciar tus facultades interpretativas no solo te ayudará a conseguir el puesto, sino a crecer y adquirir una nueva aptitud imprescindible en el mundo laboral del siglo XXI: la de moverte en un entorno de cambios constantes, que exige que seamos flexibles y que adoptemos nuevos papeles.

¿Quién quieres ser en una escena concreta? Ahí es donde entra tu «personaje de la entrevista de trabajo». Haz una lista de las virtudes que debería transmitir un candidato para tener éxito. Hasta cierto punto, dependerán del trabajo en concreto al que te postules: un ingeniero de software no hará hincapié en los mismos atributos que un director de ventas. Por otra parte, tu interpretación deberá transmitir sintonía con la cultura de la empresa: una actitud despreocupada puede ser contraproducente en un entorno formal, y viceversa.

Los buenos entrevistadores a menudo buscan las virtudes correlacionadas de manera fehaciente con el éxito en el trabajo, como la confianza, la energía y el lenguaje corporal positivo. ¿Cómo se exteriorizan esas cualidades personales? Se ha escrito mucho sobre el lenguaje corporal de la confianza, y sobre que determinados gestos —como la colocación del cuerpo, el tono, la manera de dar la mano y la de mirar a los ojos— transmiten desde un primer momento una mezcla de espontaneidad y autoridad. Si no sabes representar esas cualidades con total seguridad, busca a otras personas que parezcan encarnarlas, y observa atentamente cómo lo hacen. El objetivo no es una copia servil, sino una imitación creativa. Ve probando, a ver cómo te sale.

Ah, y lo más importante: ¡ensaya! Tienes que practicar con antelación, como cualquier buen actor. Si tiendes a la timidez, amplía tu gama expresiva —y el repertorio en el que te sientes cómodo— practicando interpretaciones que puedan parecerte exageradas, con gesticulaciones y muestras de pasión. Si al hablar se te traban las palabras y dejas las frases a medias —como muchos al estar nerviosos—, practica las pausas y expresa tus pensamientos en frases cortas.

Además, aunque hayamos ensayado y practicado, las nuevas situaciones pueden saturarnos y estresarnos; sobre todo, si somos el centro de atención y nos observan. Por eso te propongo que, además de lo ya expuesto, des un toque especial a la entrevista: en vez de transmitir la impresión de que te esfuerzas mucho por conseguir el trabajo, haz como si quisieras tener una *magnífica conversación* con el ser humano a quien tienes delante.

La actitud debe ser más bien de este tipo: «En mi vida he hecho cosas y he tenido trabajos muy interesantes que me encantaría explicarte. También me encantaría que me hablaras de ti y de tu empresa». Por decirlo de otra manera, interpretarás el papel de un *buen conversador*. Así pues:

- *Ten curiosidad.* La mayoría de la gente habla demasiado en las entrevistas. Tú, interpreta la curiosidad: haz preguntas abiertas —que no se contesten con un sí ni un no—, relacionadas con lo que acabas de oír. Te ayudará a descubrir cosas en común con tu entrevistador, lo cual es clave para que la primera impresión sea la mejor posible.

- *Acepta cualquier propuesta de conversación.* Hay que llegar a la entrevista con algunos temas preparados, por supuesto, pero mantener una conversación —en vez de recurrir a un discurso ensayado— consiste en fomentar el toma y daca. En este sentido, puedes hacer como los improvisadores y tomarte todo lo que diga o haga el entrevistador como una «propuesta» que debes aceptar y usar como punto de partida —sin esperar a que termine para embarcarte en el siguiente discurso—. Esta manera de escuchar la puedes practicar hoy mismo empezando cada frase con las palabras «sí, y...». Hoy en día se valoran mucho las dotes de improvisación en el trabajo. Además, en una entrevista esta técnica de improvisación, que es fundamental, te ayudará a concentrarte menos en demostrar lo que vales y a sintonizar mucho más con la otra persona.

- *Prepara historias que contar.* Posiblemente sea uno de los elementos más eficaces de una gran interpretación como conversador. El antiguo arte de la narración posee el enorme potencial de despertar emociones empáticas y, así, fomentar la simpatía personal. Prepara tus historias con antelación para que, cuando te pregunte el entrevistador si tienes experiencia en dirigir proyectos, puedas relatar más teatralmente el último que hayas dirigido. Explica cómo empezó el proyecto, qué hiciste, a qué obstáculos tuviste que enfrentaste y cómo llegaste a superarlos. Las buenas historias tienen principio, nudo y desenlace. Haz que sean cortas, pero con garra.

En algunas de estas técnicas tendrás la sensación de «no ser tú», pero es que de eso se trata. Al dar nuevos usos a tu capacidad interpretativa innata, amplías tu zona de confort y aumentas el repertorio de lo que te sale de manera natural. Así creces, así te conviertes en *quien todavía no eres*, y así también consigues ese deseado trabajo.

CATHY SALIT es consejera delegada de Performance of a Lifetime, y autora de *Performance Breakthrough: A Radical Approach to Success at Work*.

Adaptado del contenido publicado en hbr.org
el 21 de abril de 2017 (producto #H03M6K).

7

Seis maneras de parecer más seguro durante una presentación

Kasia Wezowski

Hace años fui invitada con algunos compañeros de trabajo a predecir los resultados de un concurso de *startups* en Viena, en el que dos mil quinientos emprendedores del sector tecnológico se disputaban ayudas por valor de varios millones de euros. Observamos las presentaciones, pero más que prestar atención a las ideas expuestas por los emprendedores, en lo que nos fijábamos era en el lenguaje corporal y en las microexpresiones de los jueces mientras escuchaban.

Dimos a conocer nuestra predicción antes de que se anunciara quienes eran los ganadores; y no tardamos en darnos cuenta, al igual que el público, de que habíamos dado en el clavo. Habíamos aguado la sorpresa.

Al cabo de dos años volvieron a invitarnos al mismo acto, pero esta vez no observamos al jurado, sino a los concursantes. No teníamos que adivinar quién ganaría, sino averiguar cómo contribuía la comunicación no verbal de los concursantes a su éxito o a su fracaso.

Puntuamos a cada aspirante a empresario en una escala del 0 al 15. Por cada señal de lenguaje corporal positivo y de seguridad en sí mismo —como sonreír, mirar a los ojos y hacer gestos convincentes— se ganaban puntos, y por cada señal negativa —como no parar de moverse, hacer movimientos rígidos con las manos y apartar la vista— se perdían. Resultó que los ocho candidatos mejor valorados por el jurado del concurso habían sacado una nota media de 8,3 en nuestra escala de quince puntos, mientras que los que se quedaron por debajo sacaron una nota media de 5,5. Había una correlación estrecha entre el lenguaje corporal positivo y el éxito en el resultado.

En el ámbito de la política hemos encontrado correlaciones parecidas. Durante las elecciones de 2012 a la presidencia de Estados Unidos, realizamos un estudio online en el que mil participantes —tanto demócratas como republicanos— miraron clips de vídeo de dos minutos con Barack Obama y Mitt Romney en actos de campaña pronunciando discursos de contenido tanto neutro como emocional. Las expresiones faciales de los observadores quedaban recogidas mediante webcams. Nuestro equipo las analizó a partir de seis emociones claves identificadas en los estudios psicológicos: alegría, sorpresa, miedo, asco, rabia y tristeza. Asignamos códigos en función de si eran emociones positivas o negativas, y de la intensidad con la que parecían expresarse. En ese análisis se vio que Obama despertaba más reacciones emocionales intensas, y menos de carácter negativo. Hasta un número considerable de republicanos (el 16%) reaccionaba negativamente ante Romney. Cuando analizamos el lenguaje corporal de los candidatos constatamos que el del futuro presidente se parecía al de los ganadores del concurso de emprendedores. Adoptaba posturas de carácter básicamente abierto, positivo y confiado, en consonancia con lo que decía; mientras que Romney, a menudo, transmitía señales negativas, perjudicando su mensaje con expresiones faciales y movimientos contradictorios, que distraían al espectador.

Huelga decir que las elecciones no se decidieron por el lenguaje corporal, ni tampoco el concurso de *startups*, pero sí que hubo una correlación entre una comunicación no verbal adecuada y el éxito en ambos casos.

¿Cómo se pueden transmitir las mismas señales y, con algo de suerte, generar el mismo éxito? En el Center for Body Language hemos estudiado a líderes de éxito en varios campos y hemos elegido una serie de posturas propias de un lenguaje corporal eficaz y convincente.

La caja

Bill Clinton, en los inicios de su trayectoria política, acompañaba sus discursos con gestos amplios que no infundían confianza. Para ayudarle a controlar su lenguaje corporal, sus asesores le enseñaron a imaginarse que tenía una caja delante del pecho y la barriga, y a mantener los movimientos de sus manos dentro de la caja. Desde entonces, la expresión «caja de Clinton» se ha popularizado mucho en este campo.

La caja: fiabilidad y sinceridad

Sujetar la pelota: autoridad y dominancia

Sujetar la pelota

Hacer gestos como si se tuviera una pelota de baloncesto entre las manos es un indicador de confianza y control, como si se tuvieran los datos literalmente al alcance de la mano. Esta postura la usaba mucho Steve Jobs en sus discursos.

Manos en pirámide: seguridad y relax

Manos en pirámide

Cuando la gente está nerviosa, a menudo mueve las manos sin ton ni son, mientras que si está segura de sí misma las mantiene quietas. Una manera de conseguirlo es juntarlas formando una pirámide relajada. Este gesto lo usan muchos ejecutivos, pero cuidado con abusar de él, o si se combina con expresiones faciales dominantes o arrogantes. La idea es mostrarse relajado, no orgulloso de sí mismo.

Pies separados: confianza y control

Pies separados

La manera de estar de pie dice mucho sobre la mentalidad de la gente. Esta postura de fuerza y firmeza, con la misma distancia entre los pies que entre los hombros, transmite la sensación de que se tiene todo bajo control.

Palmas hacia arriba: sinceridad y aceptación

Palmas hacia arriba

Este gesto indica apertura y sinceridad. Lo usa mucho en sus discursos Oprah Winfrey, que además de ser una figura poderosa e influyente se muestra dispuesta a entablar una relación sincera con las personas a quienes se dirige, tanto si es una sola como si son miles.

Palmas hacia abajo: fuerza y determinación

Palmas hacia abajo

El gesto contrario también puede interpretarse positivamente, como señal de fuerza, autoridad y determinación. Lo ha usado a menudo Barack Obama para calmar a una multitud justo después de un discurso exaltante.

Antes de tu próxima presentación, intenta grabarte, y después mira el vídeo sin sonido, fijándote solo en tu lenguaje corporal. ¿En qué postura estabas? ¿Qué gestos has hecho? ¿Has usado alguna de esas posiciones? Si no, piensa en cómo utilizarlas la próxima vez que hables en público, o incluso con tu jefe o con un cliente importante. Practica delante del espejo y luego con amigos, hasta que las posturas te salgan con naturalidad.

La comunicación no verbal no tiene por qué ser determinante para tu condición de líder, pero puede ayudarte a alcanzar un mayor éxito.

KASIA WEZOWSKI es la fundadora del Center for Body Language. Ha escrito cuatro libros sobre el tema, y ha producido y dirigido *Leap*, un documental sobre la profesión de *coach*.

Adaptado del contenido publicado en hbr.org
el 6 de abril de 2017 (producto #H03ETV).

8

No necesitas una sola voz de líder, sino muchas

Amy Jen Su

A menudo establecemos una equivalencia entre formarse una voz de líder y encontrar maneras de transmitir más confianza; damos por supuesto que nuestro éxito depende de imitar a otras personas, publicitarnos más o hablar más fuerte que nadie, pero en vez de vivir con el síndrome del impostor o de acabar agotado después de todo un día con la careta puesta, puedes crear una confianza más auténtica enfocándote intencionadamente en cultivar cada día muchas partes distintas de tu voz de líder. En última instancia, deberías trabajar bastantes elementos de tu voz para que, al margen de las situaciones de liderazgo o de los públicos ante los que te encuentres, tu reacción sea siempre auténtica, constructiva y eficaz. Veamos cuáles son esas voces que puedes encontrar en tu interior y cultivar con el paso del tiempo; y veamos también en qué situaciones se requiere cada una de ellas.

Tu voz de la personalidad

La primera voz en la que tienes que pensar, con preferencia sobre cualquier otra, es la de la personalidad. Se trata de la parte constante y coherente de tu voz, basada en principios fundamentales sobre cómo eliges ser, y sobre qué impulsa y motiva tus relaciones con los demás. He oído explicar a más de un líder que cuando afronta una conversación o una reunión difíciles —o un posible conflicto—, tiene siempre en cuenta principios claves del liderazgo, como «dar el beneficio de la duda», «no tomarse las cosas de manera personal», «centrarse en lo mejor para el negocio» o «ser directo pero respetuoso». Anclarnos en la personalidad que somos conscientes de tener impide que nos convirtamos en camaleones, que nos movamos solo por respuestas de lucha o huida o que nos mostremos respetuosos cuando hay algo que ganar comercialmente, pero seamos maleducados con quienes no nos parecen tan valiosos. En última instancia, la voz de la personalidad refleja quién eres, y las intenciones y motivaciones que impulsan tus palabras y tus actos.

Tu voz del contexto

A medida que ocupas puestos de más responsabilidad se van ensanchando tu visión y tu perspectiva de la empresa, que abarcan una parte cada vez mayor del panorama general. Llegado ese momento, una parte de tu trabajo consiste en encontrar maneras de expresar y transmitir a otras personas ese panorama. Vamos siempre tan escasos de tiempo que solemos sumergirnos en los pormenores de una presentación, una reunión o una conversación sin dedicar unos minutos a preparar el escenario y a contextualizar la situación; algo, por cierto, imprescindible. Estas son algunas de las tesituras donde puedes reforzar la presencia de tu voz del contexto:

- Exponer a otras personas ideas de futuro, estrategias o cambios inminentes en la organización.

- Hacer una presentación a un público de ejecutivos, dejando bien claro para qué has venido y qué necesitas.

- Poner en marcha una reunión con tu equipo, y dibujar el marco general del tema que se abordará.

- Hacer que los criterios o razonamientos en los que se basan tus decisiones sean transparentes para los demás.

Tu voz de la claridad

En un mundo marcado por la intensidad de los entornos laborales, tienes la oportunidad de erigirte como la voz de la claridad, y ayudar a tu equipo a no distraerse de las grandes prioridades. Los líderes que se plantean nuevas posibilidades, que reflexionan en voz alta o que tienen reacciones impulsivas corren el riesgo de que sus equipos traten de cumplir hasta el menor de sus caprichos, acabando deshechos, saturados y dispersos, sin poder dar la talla en los retos decisivos. Estas son algunas maneras de erigirse como la voz de la claridad, para ayudar a encauzar más productivamente las energías de los demás:

- Al principio de cada año, siéntate con cada uno de tus subordinados directos para establecer prioridades y especificar qué es lo más importante que se puede lograr en cada ámbito. Una clienta me explicó la pregunta que les hace a los integrantes de su equipo: «Si nuestro caso se fuera a publicar en un periódico, ¿qué titulares querrías al final del año para ti y para tu equipo?».

- Ayuda cada cierto tiempo a tus subordinados directos a que reformulen sus prioridades. Puedes hacerlo en reuniones de tú a tú, o bien con todo el equipo.

- Dota a tu equipo de la capacidad de decir «no».

Tu voz de la curiosidad

Como líder tienes la obligación de impartir directrices, dar información y tomar decisiones importantes, pero debes cerciorarte de que no abordas todas las situaciones como si supieras todas las respuestas, o como si tuvieras que aconsejar a todo el mundo, resolver todos los problemas o arreglarlo todo. En esas situaciones, a menudo es preferible ser la voz de la curiosidad. Como me dijo una vez uno de mis clientes sobre los momentos en los que se enfrenta a comentarios negativos: «Yo confío en mi criterio y mi intuición, pero sé que mi organización tiene contratadas a personas muy inteligentes y, por eso, si uno de mis colegas o de los miembros de mi equipo tiene un punto de vista diferente, o hace comentarios negativos, no me lo tomo como algo personal; me entra curiosidad por entender su punto de vista, para que podamos encontrar la mejor solución». Estas son algunas situaciones en las que tu voz de la curiosidad puede ayudar a que avancéis tú y tus compañeros:

- Cuando te has embarcado en un trabajo interdependiente, y la mejor solución a la que se puede llegar pasa por escuchar las perspectivas de todos los presentes antes de tomar la decisión final.

- Cuando instruyes a un empleado a tu cargo haciéndole buenas preguntas para ayudarle a orientar su crecimiento en nuevas direcciones, para analizar los problemas a los que se enfrenta o para prestarle apoyo en su evolución laboral.

- Cuando mantienes una conversación difícil en la que escuchar a la otra persona es uno de los principales requisitos para apaciguar los ánimos, para entender las necesidades y los puntos de vista de ambas partes y para encontrar la mejor manera de avanzar.

Tu voz de la conexión

Cuanto más crece tu esfera de control o de influencia, más difícil puede ser relacionarte de modo personal con un grupo de compañeros, redes estratégicas y equipos cada vez más amplios. Es habitual que tengamos a nuestro cargo a personas situadas varios niveles por debajo de nosotros en la organización, con el resultado de que ya no conocemos a todo el mundo en nuestro ámbito; lo cual no nos exime de buscar maneras de relacionarnos y de mantener la visibilidad. La voz de la conexión puede adoptar muchas formas. Estas son algunas de las más eficaces que he observado:

- Potencia tus habilidades como narrador de historias. Con los relatos se graba mejor en la memoria lo que queremos decir, y adquiere más relieve. Las historias pueden amenizar un discurso o una reunión general, hacer que se entienda un argumento en una presentación, y pueden ayudar a cerrar un gran acuerdo o una transacción.

- Agradece y reconoce. A menudo, nuestros equipos y compañeros de trabajo hacen un gran esfuerzo para asegurar que se cumplan los objetivos, que haya buenos ingresos y que los clientes estén satisfechos. Cuando usamos nuestra voz de la conexión, nos acordamos de expresar nuestro agradecimiento a un equipo que ha trabajado en días festivos para equilibrar el balance trimestral, o de mantener informado a un compañero de trabajo que dio buenas referencias de nosotros o nos presentó a alguien importante.

- Reserva unos minutos al principio de una conversación o una reunión para romper el hielo o confraternizar. Solemos tener tantas ganas de ir directamente al grano que nos saltamos las fórmulas de cortesía que ayudan a congeniar con la gente. En la medida de lo posible, dedica unos minutos a lo personal antes de zambullirte en el trabajo; sobre todo, con los compañeros que valoren ese tipo de relaciones. Si vas muy apurado de tiempo, dilo de buenas a primeras, sin rodeos, para que no haya malentendidos. Puedes decir algo como: «Hoy no me sobra ni un minuto; o sea, estaría muy bien que pudiéramos ponernos manos a la obra cuanto antes».

Descubrir y potenciar tu voz de líder lleva toda una vida. La clave es no cerrarse a las nuevas situaciones y personas que se nos presentan cada vez en mayor número. En vez de tener un solo enfoque para todo, usa cada situación como una oportunidad para acceder a nuevas facetas de tu voz. Recurre a tus voces de la personalidad, del contexto, de la claridad, de la curiosidad y de la conexión en función de lo que exija cada momento o cada situación. Mediante este tipo de aprendizaje y crecimiento, no solo aumentarás tu confianza y tu resiliencia internas, sino que te ganarás la confianza de tu entorno de un modo más auténtico y dejarás más huella.

AMY JEN SU es cofundadora y socia directora de Paravis Partners, una empresa de *coaching* y desarrollo del liderazgo para ejecutivos. Ha coescrito con Muriel Maignan Wilkins *Own the Room: Discover Your Signature Voice to Master Your Leadership Presence* (Harvard Business Review Press, 2013). Síghela en Twitter @amyjensu.

Adaptado del contenido publicado en hbr.org el 10 de enero de 2018 (producto #H043HT).

9

Cultiva una cultura de confianza

Rosabeth Moss Kanter

Una de las diferencias entre los ganadores y los perdedores es cómo sobrellevan la derrota.

Ni las mejores empresas, ni los más consumados profesionales, se libran de dar pasos en falso y tener pequeños altibajos en su prolongado historial de éxitos. Incluso el equipo que gana puede cometer errores y torpezas e ir por detrás durante una parte del partido. Por eso es tan importante la capacidad de recuperarse en poco tiempo y de regresar al buen camino.

Los problemas están en todas partes. Las sorpresas pueden caer del cielo como la ceniza volcánica, y dar la impresión de que lo cambian todo. Que el principio de una nueva iniciativa sea prometedor no significa que no vaya a toparse con obstáculos inesperados, retrasos imprevistos y críticas en el peor momento. Por eso he acuñado la Ley de Kanter: «A mitad de camino todo puede parecer un fracaso».

Nada sale bien durante mucho tiempo sin un considerable esfuerzo y una constante vigilancia. Las buenas rachas se terminan por razones previsibles: se agotan las estrategias, al líder del sector le salen nuevos competidores, las ideas se quedan obsoletas, la tecnología sigue su camino y la autocomplacencia hace que las personas se sientan con derecho al éxito, sin estar motivadas para luchar por ello.

Por eso, un factor clave de los grandes logros es recuperarse de las malas épocas. Los triunfadores a largo plazo suelen enfrentarse con los mismos problemas que los perdedores a largo plazo, pero reaccionan de otro modo. Así lo averigüé mientras investigaba para escribir mi libro *Confidence*. Comparé empresas y equipos deportivos con un largo historial de victorias o derrotas, y luego me fijé en lo que hacían sus líderes para pasar de rendir poco a rendir mucho.

Primero, fijémonos en las patologías de la derrota. Perder nos hace caer en la tentación de adoptar conductas que no solo dificultan una recuperación rápida, sino que amenazan con empeorar la situación. Por ejemplo, se puede sucumbir al pánico y tirar la estrategia por la borda; o intentar ponerse a salvo abandonando al resto del equipo; también se puede esconder la realidad con la esperanza de que mejore todo por sí solo antes de que nadie se haya dado cuenta; se puede negar que algo se ha de aprender o cambiar; y está la opción de usar el declive como excusa para dejar que se deterioren las instalaciones o las inversiones.

La cultura y el sistema de apoyos que rodean a los profesionales de alto rendimiento les ayudan a evitar esas tentaciones. Como están preparados para los problemas, pueden ponerlos en perspectiva. Realizan una práctica y preparación rigurosas, y nunca pierden su disciplina ni su profesionalidad. Los líderes ponen los datos sobre la mesa y analizan lo que en última instancia ha ido bien o mal para apuntalar sus puntos fuertes, identificar los débiles y animar a que cada uno sea responsable de sus propios actos. Hacen hincapié en la colaboración y el trabajo en equipo: objetivos comunes, compromiso con una visión compartida y respeto y apoyo a los miembros del equipo; para que, si a alguien se le cae la pelota, haya otro cerca para recogerla; también el deber de orientar, para que quienes mejor lo hacen estimulen las aptitudes de los demás. Buscan ideas creativas para mejorar e innovar, y fomentan el diálogo y la lluvia de ideas a gran escala.

La resiliencia o capacidad de recuperación no es solo un rasgo individual, ni un fenómeno psicológico. Se ve favorecida u obstaculizada por el sistema que la envuelve. Cuando un equipo está inmerso en una cultura de responsabilidad, colaboración y espíritu de iniciativa, es más fácil que se sienta capaz de capear cualquier tormenta. La autoconfianza, más la fe en los demás y en la organización, motiva a los ganadores para que den ese empujón de más, que puede ser el margen para la victoria.

La lección para los líderes está muy clara: en las buenas épocas, cuando el éxito no se hace de rogar, sienta las bases de la confianza: responsabilidad individual, colaboración y espíritu de iniciativa. Mantén una cultura de confianza y protección contra los cambios a peor, que inevitablemente llegarán. Y, si bien no hay que buscar nunca el fracaso de forma voluntaria, recuerda que lo que diferencia a los ganadores de los perdedores es rendir bajo presión: saber mantener la calma, aprender, adaptarse y seguir.

ROSABETH MOSS KANTER es profesora en Harvard Business School, y presidenta y directora de Harvard Advanced Leadership Initiative. Su último libro es *MOVE: How to Rebuild and Reinvent America's Infraestructura*. Síguela en Facebook y Twitter @RosabethKanter.

Reproducido de *Harvard Business Review*, abril de 2011 (producto #F1104E).

10

Los grandes líderes tienen confianza, conexión, compromiso y coraje

Peter Bregman

Brad estaba dirigiendo un difícil cambio en su compañía, y había decidido despedir al jefe de ventas: buena persona, pero con falta de iniciativa.

Al cabo de tres meses aún no lo había despedido.

Le pregunté por qué. ¿Qué contestó? «¡Soy un cobarde!».

Brad (no es su verdadero nombre; he cambiado algunos datos para proteger la intimidad de las personas) es consejero delegado de una empresa de servicios financieros, y de cobarde no tiene absolutamente nada. Es una persona normal, como tú o como yo. Y le está costando llevar a cabo una importante decisión estratégica. Como nos pasa a veces a ti y a mí.

Sean cuales sean tu edad, tu papel, tu puesto, tu cargo, tu profesión o tu estatus, solo podrás desarrollar tu trabajo más importante a base de conversaciones difíciles, de rendir y pedir cuentas y de estimular acciones.

Y para ello tendrás que mostrarte fuerte y seductor, de una manera que haga que la gente confíe en ti y te siga, y que se comprometa a poner todo su esfuerzo al servicio de un gran objetivo, de algo que os supere a todos por su magnitud. Tendrás que preocuparte por los demás, y se lo tendrás que hacer sentir en tu forma de relacionarte con ellos. Necesitarás ser convincente cuando les hables —de una manera clara, directa y sincera, reflejando tu implicación—, y al mismo tiempo deberás ser abierto, compasivo y afectuoso cuando los escuches. Aunque te lleven la contraria.

Y tendrás, por supuesto, que aplicar tus decisiones con celeridad y eficacia.

Durante los veinticinco años que llevo trabajando con líderes para que hagan todo lo que acabo de exponer, he descubierto unas constantes que expongo en mi libro *Leading with Emotional Courage*, y que consisten en cuatro elementos esenciales en los que se basan todos los grandes líderes para incitar a los demás a que hagan cosas importantes para el colectivo: para liderar con eficacia —diría incluso que para vivir con eficacia— hay que confiar en uno mismo, conectar con los demás, comprometerse con los objetivos y tener coraje emocional.

A la mayoría de nosotros, solo se nos da muy bien una de las cuatro cosas —a lo sumo dos— pero, si quieres ser una presencia poderosa —e incitar a los otros a que actúen—, tendrás que destacar *simultáneamente en las cuatro.*

Si confías en ti mismo, pero no tienes conexión con los demás, todo girará alrededor de tu persona, y los demás acabarán por distanciarse de ti. Si conectas con la gente, pero te falta confianza en ti mismo, traicionarás tus necesidades y tus puntos de vista para complacer a los demás. Si no te comprometes con ningún objetivo, con nada que vaya más allá de ti o de los demás, irás dando tumbos, tus palos de ciego te harán perder el respeto de tu entorno y no lograrás influir en lo más importante. Y, si no actúas con fuerza, determinación y atrevimiento —con coraje emocional— tus ideas se quedarán en simples elucubraciones, y tus metas en fantasías incumplidas.

Apliquémoslo a Brad, y detectemos cuándo y cómo se quedó atascado.

Confianza en uno mismo

A Brad se le resistió este elemento; cosa que, teniendo en cuenta su gran éxito profesional, podría sorprender, pero que no es infrecuente. Trabajó muchísimo, pero su esfuerzo nacía de cierto grado de inseguridad, de querer demostrar lo que valía y complacer a su entorno. Ante un posible fracaso se puso nervioso y, cuando ese fracaso se hizo realidad, no se trató a sí mismo con mucha amabilidad ni compasión. La verdad es que en cuanto a la autoconfianza tenía puntos fuertes importantes: veía en quién quería convertirse y trabajaba por hacer realidad ese futuro, dejando de lado las distracciones e invirtiendo su energía de manera sensata y estratégica.

Conexión con los demás

Era la gran baza de Brad, una persona muy querida, y muy cuidadosa siempre con su equipo. Todos sabían y notaban claramente que confiaba en ellos, incluso cuando había discrepancias. Valoraban su curiosidad —sobre las personas y sus problemas—, y le agradecían que no se precipitara al sacar conclusiones personales. Con todo, también en este aspecto tenía un margen de mejora: no siempre era directo con la gente y tendía a posponer las conversaciones difíciles.

Compromiso con los objetivos

En este aspecto, Brad tenía sus más y sus menos. Por un lado, exponía claramente lo que necesitaba que se hiciera para el crecimiento de la empresa, implicaba a la gente en las fases iniciales del trabajo y estaba predispuesto a pedir ayuda. Por otro lado, era un poco disperso. Le faltaba claridad al especificar un pequeño número de elementos cuyo efecto era realmente decisivo, y carecía de un procedimiento fiable para no distraerse de lo más importante, garantizar la rendición de cuentas e impulsar un seguimiento. El hecho de que no despidiera a su jefe de ventas trasladaba un mensaje contradictorio a su equipo: ¿seguro que se tomaba en serio el éxito de la empresa?

Coraje emocional

En esto Brad tenía un margen de mejora. De hecho, resultó ser un aspecto importante para reforzar los otros tres. Por definición, los riesgos nos hacen sentir vulnerables, y Brad evitó ese sentimiento. Se resistió a lo desconocido y evitó intencionadamente situaciones incómodas. Esto fue lo que le dificultó decirle a la gente verdades duras y a tomar rápidamente decisiones difíciles, lo cual hacía que postergara sus acciones.

En resumidas cuentas, el elemento más fuerte de Brad era la «conexión con los demás», seguido del «compromiso con los objetivos». En la «confianza en sí mismo» y el «coraje emocional» dejaba más que desear.

Sabiéndolo, podemos poner en perspectiva su problema: su conexión personal con el jefe de ventas chocaba con su compromiso con el éxito de su equipo y su empresa, pero su confianza en sí mismo y su coraje emocional no eran bastante fuertes para deshacer el empate: la receta perfecta para la inacción y una dolorosa frustración.

El simple hecho de entender qué pasaba le ayudó desde el primer momento. Dedicamos un tiempo a reforzar su coraje emocional a base de correr pequeños riesgos *a la vez* que sentía las emociones que siempre había tratado de evitar. Cada vez que llegaba hasta el final, independientemente de que le saliera bien o mal, sobrevivía, como es obvio, y además sentía como un logro haber hecho frente al riesgo en sí. Como es natural, fue bueno para su confianza, y ello, a su vez, le ayudó a correr mayores riesgos.

En poco tiempo se sintió preparado (aunque él nunca se podía sentir totalmente «listo») para llevar a cabo lo que ya hacía tres meses que sabía que debía hacer. Así, con la delicadeza, la compasión y la humanidad consustanciales a su forma de ser despidió a su jefe de ventas —quien, por cierto, ya se lo veía venir, como era previsible, y dijo estar «aliviado»—.

A Brad le resultó extremadamente incómodo iniciar esa conversación. Casi siempre, esa es la sensación que se tiene al hacer algo que requiere coraje emocional.

Sin embargo, el coraje emocional aumenta a medida que se va utilizando, y Brad salió de la conversación fortalecido en los cuatro aspectos: con más confianza en sí mismo, más conectado con su equipo —incluido con su jefe de ventas, por increíble que parezca—, más comprometido con los objetivos y con más coraje emocional.

PETER BREGMAN es consejero delegado de Bregman Partners, una compañía que ayuda a los altos directivos a fomentar la rendición de cuentas y a estimular la acción colectiva en los trabajos más importantes de sus organizaciones. Autor del gran éxito de ventas *18 minutos*, su último libro es *Leading with Emotional Courage*. También es el presentador del Bregman Leadership Podcast.

Adaptado del contenido publicado en hbr.org
el 13 de julio de 2018 (producto #H04FUI).

11

Cómo ayudar a un empleado a vencer su inseguridad

Tara Sophia Mohr

Quieres dar a una integrante de tu equipo un encargo que la hará crecer profesionalmente, pero ella te dice que «aún no está preparada» y que antes prefiere acumular más experiencia.

Le ofreces a un alumno tuyo ponerlo en contacto con alguien importante. Al principio parece entusiasmado, pero la propuesta queda en nada. Más tarde descubres que se sintió intimidado y que tenía miedo de no saber qué decir.

Como directivos y mentores nos encontramos a menudo en situaciones de este tipo, en las que nos topamos con la voz de la inseguridad, y sus efectos restrictivos, en personas que tienen nuestro apoyo.

Es tremendo el efecto negativo de esa voz. Si alguien de tu equipo lleva dentro el obstáculo de un crítico implacable, es muy probable que se convenza él solo de guardarse sus ideas y sus intuiciones. Entre las personas a tu cargo, algunas de las de mayor talento rehuirán ponerse al frente de proyectos o equipos, o se buscarán cualquier excusa para no aprovechar las grandes oportunidades —nuevos clientes, nuevas líneas de negocio, movimientos novedosos— que podrían ayudar al crecimiento de tu empresa.

Como directivo o mentor, una de las maneras más eficaces de liberar el potencial de las personas a tu cargo es darles herramientas para gestionar la inseguridad.

El error más común del directivo

Los directivos y mentores suelen cometer un gran error: creerse obligados a animar, elogiar o espolear a sus subordinados cuando caen en las garras de la inseguridad. Dicen cosas como «¡Que sí, que lo puedes hacer!», o «Confío plenamente en ti. Si no te creyera capaz, no te lo habría asignado».

Es lo que se conoce en el campo del *coaching* como «discutir con el crítico interior». Se trata del diálogo entre la voz de la duda («No puedo, me supera, etc.») y las palabras de apoyo de otra persona que ve las cosas desde una perspectiva diferente («¡Sí que puedes! ¡Eres fantástico!»).

«Jamás discutas con el crítico interior del cliente», se les enseña a los futuros *coachs*. Se da por hecho que estas discusiones casi siempre constituyen una pérdida de tiempo. Las razones son dos.

En primer lugar, esas reconfortantes fórmulas casi nunca convencen a nadie. El punto de vista del crítico interior no se basa en datos, sino en un miedo instintivo y desorbitado a la vulnerabilidad y el fracaso. Muchas veces, oír decir a otra persona algo por el estilo de «¡qué va, si eso lo haces genial!» no solo no resuelve esos temores subyacentes, sino que puede agravar la agobiante sensación de ser un impostor, como si la persona en cuestión se dijera: «Nadie de mi entorno se da cuenta de que es verdad que no sé lo que hago; cuentan todos conmigo, pensando que puedo hacerlo bien, ¡pero no puedo!».

En segundo lugar, si ayudas a algún miembro del equipo o a un alumno a superar sus dudas con elogios o palabras tranquilizadoras, la solución requerirá de tu presencia o de la de alguien como tú. Estás dando peces a tus subordinados, pero no les enseñas a pescar. No les has dado instrumentos para orientarse solos por sus dudas, que es lo que necesitan de verdad, porque la mayoría de las decisiones impulsadas por el crítico interior se toman rápidamente sin hablar con nadie, es decir, mentalmente.

Un enfoque alternativo

La alternativa es llevar la conversación a un nivel superior. En vez de discutir con el crítico interior de los miembros de tu equipo, puedes plantear una conversación *sobre* la inseguridad: en qué consiste, por qué nos afecta a todos y cómo puede incidir en los resultados del equipo. El punto de partida pueden ser los siguientes dos pasos.

1. *Presenta la idea del «crítico interior».* Puedes optar por llamarlo síndrome del impostor, voz de la duda, mente de mono o cualquier otra expresión que te parezca adecuada para tu contexto laboral.

   Lo esencial es exponer el concepto de una voz presente en todas las cabezas, que no refleja un pensamiento realista, y que subestima las propias facultades de una manera ansiosa e irracional. La voz del crítico interior tiene una serie de características comunes que te pueden servir para ayudar a los tuyos a que reconozcan a sus críticos: una voz que censura con severidad, que es irracional o engañosa, que suena a disco rayado o que pone en solfa lo que más les conviene, por ejemplo.[1] También

Conoce a tu crítico interior

Una comparación entre tu voz interna y el pensamiento realista

Crítico interior	Pensamiento realista
• Muy seguro de saber la verdad sobre la situación.	• Curioso y consciente de los múltiples imponderables de la situación.
• Hace preguntas de sí o no: «¿Es posible?».	• Hace preguntas abiertas: «¿Cómo podría ser posible esto?», «¿Qué parte es posible?».
• Se centra en los problemas.	• Busca soluciones
• Su tono es ansioso y pesimista	• Su tono es más tranquilo y productivo.
• Piensa en términos de extremos y de blanco y negro.	• Es capaz de percibir las sutilezas y los tonos grises.
• Se repite.	• Siempre avanza.

puedes usar la tabla «Conoce a tu crítico interior» para hablar sobre la diferencia entre este último y un pensamiento más realista.

2. *Pídeles a los miembros de tu equipo que empiecen a trabajar la facultad de gestionar a sus críticos internos.* Aclara que entiendes que es normal que surjan miedos o inseguridades a medida que los miembros de tu equipo, o tus alumnos, acepten nuevos retos y mayores

responsabilidades, o expresen su opinión. La meta hacia la que quieres que se dirijan no es una confianza infalible, sino una gestión más habilidosa de las creencias y las dudas que los limitan.

Al hacerlo, planteas una idea nueva y poderosa: la de que estar dispuesto a progresar y liderar no depende de una confianza innata, sino de ir forjando la capacidad de gestionar las propias dudas.

Para ello conviene que practiquen la capacidad de darse cuenta de cuándo están oyendo a su crítico interno, y que hagan explícitos los pensamientos de este último a medida que los detectan. Es tan fácil como decirse: «Ya vuelvo a oír las preocupaciones de mi crítico interno sobre el tema».

Cuando alguien entiende que la voz del crítico se basa en el miedo y toma conciencia de cuándo se hace oír, acostumbra a abrírsele la posibilidad de optar por no hacer caso a esa voz, sino a otras partes más racionales y ricas en recursos de su yo.

Una de las mujeres de mi curso, directiva de una empresa de telecomunicaciones, reunió a un pequeño grupo de compañeros de trabajo para mantener esa conversación. Después, uno de ellos le dijo: «Yo ya sabía que tenía en la cabeza una vocecita mezquina y agobiante, pero hasta ahora no me había dado cuenta del todo de su incidencia sobre mis decisiones». Otra participante comprendió que, si no se presentaba a un ascenso disponible, era en gran parte por culpa de su crítico interior. Después de la conversación, se presentó al puesto y se lo dieron.

Grace, ejecutiva en una empresa de servicios profesionales, trabajó con una directiva que afrontaba cambios decisivos en sus atribuciones, los cuales activaban a su crítico interior. «Aparte de darle ánimos», explica Grace, «dedicamos un tiempo a analizar cómo habían despertado los cambios a su crítico interior. Planeamos claramente las metas que tenía que alcanzar. Muchas de ellas se cumplieron —y fueron debidamente celebradas—, pero cuando algo no se ajustaba al plan analizábamos si el crítico interior intervenía y cómo lo hacía. Con el paso del tiempo aprendió a prever mejor las injerencias de su crítico interior y cómo era posible silenciarlo. Consiguió una herramienta a la que puede recurrir siempre que la necesite para afrontar con éxito las épocas, siempre difíciles, de cambios».

Tú quieres que tu equipo rinda al máximo de sus posibilidades y diga siempre «sí» a seguir creciendo. Esto comporta que a menudo duden de sí mismos. En tu mano está empoderarlos a base de enfrentarse sin rodeos a su crítico interior y darles instrumentos para reaccionar con destreza ante sus propias dudas.

TARA SOPHIA MOHR es experta en liderazgo femenino, y autora de *Playing Big: Practical Wisdom for Women Who Want to Speak Up, Create and Lead*, nominado a mejor libro del año por Apple iBooks. También es la fundadora de los programas de liderazgo Playing Big para mujeres, que a día de hoy ya han cursado más de dos mil personas en todo el mundo. Conecta con ella en taramohr.com.

Nota

1. Tara Mohr, «7 Ways to Recognize Your Inner Critic», cort.as/-KSdK.

Adaptado del contenido publicado en hbr.org
el 1 de octubre de 2015 (producto #H02DB8).

12

Para las mujeres, transmitir confianza pasa por dar una imagen de calidez

Margarita Mayo

¿Por qué hay tan pocas mujeres en cargos de responsabilidad? Es un enigma que tanto mis coinvestigadoras (Laura Guillén, del ESMT, y Natalia Karelaia, del INSEAD) como yo creemos haber contribuido a esclarecer con nuevos datos. Pero antes, pongámonos en situación.

Una de las razones que con más frecuencia se aducen está relacionada con la confianza. En un estudio anterior, mis colegas y yo constatamos que las mujeres tienden a evaluar con precisión sus aptitudes, mientras que los hombres tienden a confiar demasiado en las suyas.[1] Por eso hay quien dice que las mujeres confían menos en sí mismas que los hombres, lo cual va en detrimento de sus posibilidades de ascender.

Ya se había investigado y cuantificado cómo se perciben las mujeres a sí mismas, pero lo que queríamos averiguar nosotras era cómo se evalúa la confianza femenina desde fuera —por parte de jefes, subordinados o colegas— y qué es lo que influye en esa evaluación.

Según han demostrado Susan Fiske y sus colegas, todo indica que los seres humanos usan dos dimensiones para juzgarse entre ellos: la competencia y la calidez.[2] Por lo tanto, decidimos no limitar nuestro estudio a la confianza, sino extenderlo a estos dos factores. Analizamos también la influencia, como reflejo de las posibilidades de ascenso, partiendo de la teoría de que cuanto más influyente es considerada una persona más fácil es que sea ascendida a funciones de liderazgo.

Realizamos un estudio en el que se analizaban los juicios de una serie de colegas sobre la competencia y la calidez de 236 ingenieros integrados en equipos de trabajo de una multinacional de desarrollo de software.[3] Dentro de la evaluación del rendimiento de esos ingenieros, su competencia y su calidez eran puntuadas online por sus supervisores, compañeros y colaboradores, valoración confidencial que realizaron 810 personas. Transcurrido un año recogimos una segunda oleada de datos sobre los mismos 236 ingenieros, esta vez sobre la confianza que mostraban en el trabajo y su influencia en la organización. En esta ocasión, el número total de evaluadores fue de 1.236.

Nuestro estudio demuestra que, para que se considere que un hombre está seguro de sí mismo basta con que se le vea competente, mientras que a las mujeres solo se les atribuye esa seguridad si dan una doble impresión de competencia y calidez. Para que una mujer saque partido a su competencia y se la vea segura e influyente en su trabajo, es necesario que transmita una imagen de calidez. A los hombres competentes, por el contrario, se les considera seguros de sí mismos e influyentes al margen del calor humano que transmiten.

Por decirlo de otro modo, en el caso de los ingenieros hombres, la competencia y la imagen de seguridad van de la mano: cuanto más competente es un ingeniero hombre, más seguro de sí mismo se le considera —y viceversa—. Cuanta más seguridad se les atribuye, más influencia tienen en la organización, al margen de la simpatía que inspiren. Parece que la calidez es algo irrelevante a la hora de que un hombre transmita una imagen de seguridad e influencia, al menos cuando desempeña un trabajo habitualmente masculino, como el de ingeniero.

Por lo que respecta a las mujeres, en ausencia de calidez prácticamente no existía ninguna relación entre la puntuación de competencia y la de confianza. A las mujeres vistas como cálidas y competentes también se las consideraba seguras de sí mismas y, por lo tanto, más influyentes. Las ingenieras competentes, pero no tan afables, recibían puntuaciones más bajas de sus compañeros en lo referente a la seguridad que transmitían en el ejercicio de su cargo, y a su vez eran menos influyentes en la organización. En resumidas cuentas, el rendimiento profesional de las mujeres no se evalúa con independencia de su calidez personal.

La experiencia personal y la investigación empírica parecen indicar que a las mujeres no les basta con ser igual de sociables, amigables, extrovertidas y serviciales que los hombres. Es posible que para que se les reconozca su calidez —al igual que sus otras virtudes— deban tenerla en mayor grado que sus compañeros de sexo masculino.

Todavía me acuerdo de mi primera evaluación como profesora adjunta: me pidieron que fuera más «maternal». Había ido a tantos actos sociales como los hombres y me había mostrado igual de amigable con mis alumnos, pero de una mujer se espera que desprenda más calor humano. Es así de sencillo. Está estudiado, por ejemplo, que en las evaluaciones profesionales sobre las mujeres hay casi el doble de palabras sobre calidez, empatía, predisposición y entrega.[4]

A nuestro modo de ver, este estudio indica que para que las mujeres tengan éxito en un mundo con tantos prejuicios como el nuestro no basta con animarlas a que tengan más seguridad en sí mismas. Para ver reconocidas su seguridad y su competencia, y gozar de la influencia que desean en el marco de su organización, tienen que desvivirse por irradiar calidez.

Preferiríamos que no fuera así y que se evaluara a las mujeres y a los hombres en función de los mismos criterios de meritocracia, pero, tal como demuestra nuestra investigación, parece que aún falta mucho para eso.

MARGARITA MAYO es profesora de Liderazgo y Comportamiento Organizacional en la escuela de negocios IE de Madrid. En 2017 fue incluida por Thinker50 Radar entre los treinta pensadores del mundo empresarial a los que estar atentos. Es autora de *Yours Truly: Staying Authentic in Leadership and Life*.

Notas

1. Margarita Mayo *et al.*, «Aligning or Inflating Your Leadership Self-Image? A Longitudinal Study of Responses to Peer Feedback in MBA Teams», *Academy of Management Learning and Education*, 11, nº 4 (2012), pp. 631-652.
2. Susan T. Fiske *et al.*, «Universal Dimensions of Social Cognition: Warmth and Competence», *Trends in Cognitive Sciences*, 11, nº 2 (2006), pp. 77-83.

3. Laura Guillén *et al.*, «The Competence-Confidence Gender Gap: Being Competent Is Not Always Enough for Women to Appear Confident», documento de trabajo, Berlín, ESMT, 2016: cort.as/-KSdS.
4. Shelley Correll y Caroline Simard, «Research: Vague Feedback Is Holding Women Back», hbr.org, 29 de abril de 2016, cort.as/-KSda.

Adaptado del contenido publicado en hbr.org
el 8 de julio de 2016 (producto #H03036).

13

¿Por qué acaban siendo líderes tantos hombres incompetentes?

Tomas Chamorro-Premuzic

La clara infrarrepresentación de las mujeres en la alta dirección suele atribuirse a tres causas: falta de capacidad, falta de interés o —en presencia de ambas cosas— no poder romper el techo de cristal, una barrera laboral invisible basada en estereotipos sesgados que impide a las mujeres acceder a lo más alto del escalafón. Lo primero suelen sostenerlo los conservadores y los machistas; lo tercero, los liberales y los feministas; y lo segundo, los que se encuentran en un término medio. Pero ¿y si a todos se les pasa por alto un aspecto de la realidad?

A mi modo de ver, el principal motivo de esta desproporción de sexos en la dirección es que no sabemos diferenciar entre confianza y competencia. Dado que nosotros —la gente en general— solemos malinterpretar las demostraciones de confianza como señales de competencia, llegamos a la falsa conclusión de que los hombres lideran mejor que las mujeres. Por decirlo de otra manera: en términos de liderazgo, la única ventaja de los hombres sobre las mujeres —desde Argentina hasta Noruega, y desde Estados Unidos hasta Japón— es que las manifestaciones de orgullo desmedido —disfrazado a menudo de carisma o encanto— suelen confundirse con la madera de líder, y son mucho más frecuentes entre los hombres que entre las mujeres.[1]

Este hecho concuerda con la constatación de que los grupos sin líderes tienden por naturaleza a elegir como tales a personas egocéntricas, excesivamente seguras de sí mismas y narcisistas, y que esos rasgos de personalidad no se presentan con la misma frecuencia entre los hombres que entre las mujeres.[2] En esta línea, Freud argumentó que el proceso psicológico del liderazgo se debe a que un grupo de personas —los seguidores— sustituyen sus propias tendencias narcisistas por las del líder, convirtiendo su amor hacia este último en una forma disfrazada de vanidad, o en un sustitutivo de su incapacidad de quererse a sí mismas. «El narcisismo de una persona», escribió, «despliega gran atracción sobre aquellas otras que han desistido de la dimensión plena de su narcisismo propio [...] como si les envidiásemos por conservar un estado psíquico dichoso».

Lo cierto es que, prácticamente en todo el mundo, los hombres tienden a *creerse* mucho más inteligentes que las mujeres.[3] Sin embargo, la prepotencia y el exceso de confianza son inversamente proporcionales a la capacidad de liderazgo, que es la facultad de formar y conservar equipos de alto rendimiento, y de inspirar a los seguidores a que dejen de lado sus metas egoístas y se pongan al servicio del interés común del grupo; tanto es así, que los mejores líderes —sea en el deporte, la política o la empresa— suelen ser personas humildes; y la humildad, bien sea por naturaleza, bien sea por educación, es una característica mucho más extendida entre las mujeres que entre los hombres. Por poner un ejemplo, las mujeres superan a los hombres en inteligencia emocional, uno de los grandes motores de la modestia en la conducta.[4] No solo eso, sino que en un estudio cuantitativo de las diferencias de género en la personalidad en más de veintitrés mil participantes de veintiséis culturas se observó que ellas eran más sensibles, respetuosas y humildes que ellos, conclusión que podría ser calificada como una de las que menos contravienen la intuición dentro de las ciencias sociales.[5] Si analizamos el lado oscuro de la personalidad, la imagen que surge es aún más nítida: nuestros datos normativos, por ejemplo, que abarcan a miles de directivos de todos los sectores, y de cuarenta países, indican que los hombres por regla general son más arrogantes, manipuladores y propensos al riesgo que las mujeres.[6]

Paradójicamente, de ello se deduce que las características psicológicas que llevan a los directivos de sexo masculino a lo más alto del escalafón empresarial o político son justamente las que determinan su caída; o, dicho de otro modo, lo que se necesita para conseguir el trabajo no solo es distinto, sino que es lo contrario, de lo que se necesita para *hacerlo bien*. El resultado es que se asciende a puestos de dirección a demasiadas personas incompetentes, prefiriéndolas a otras más competentes.

No es de extrañar que la imagen mítica del «líder» encarne muchos de los rasgos que suelen apreciarse en los trastornos de la personalidad, como el narcisismo (Steve Jobs o Vladimir Putin), la psicopatía (escribe el nombre de tu déspota favorito), las tendencias histriónicas (Richard Branson o Steve Ballmer) o el maquiavelismo (prácticamente todos los políticos a escala nacional). Lo triste no es que estas figuras míticas no representen al directivo medio, sino que el directivo medio fracase justamente por carecer de esos rasgos.

De hecho, son mayoría los líderes que fracasan, tanto en la política como en la empresa, y siempre ha sido así: prácticamente todos los países, compañías, sociedades y organizaciones están mal gestionados, como se desprende de su duración, sus ingresos y sus índices de aprobación, o bien de sus efectos en los ciudadanos, empleados, subordinados o miembros. El buen liderazgo ha sido siempre la excepción, no la norma.

Por eso me ha extrañado un poco que los últimos debates sobre cómo obtener una mayor participación de las mujeres se hayan centrado en gran medida en conseguir que adopten esos rasgos disfuncionales del liderazgo. Es verdad que es el tipo de gente que elegimos a menudo como líderes, pero ¿conviene que sea así?

La mayoría de los rasgos de personalidad realmente beneficiosos para un liderazgo eficaz se encuentran sobre todo en las personas que no impresionan por su talento para la dirección. En las mujeres es aún más cierto. Contamos ya con datos científicos concluyentes en abono de la idea de que es más probable que adopten estrategias de liderazgo eficaces las mujeres que los hombres. A este respecto, en su exhaustiva revisión de estudios, Alice Eagly y sus colegas pusieron de manifiesto que las directivas tienen más probabilidades de despertar respeto y orgullo entre sus seguidores, comunicar su visión con eficacia, empoderar y proteger a sus subordinados y abordar la resolución de problemas con mayor flexibilidad y creatividad —características, todas ellas, del «liderazgo transformacional»—, además de recompensar de modo justo a las personas que están a su cargo.[7] Según las estadísticas, en cambio, los directivos hombres son menos propensos a establecer vínculos con sus subordinados, y en comparación se les da peor recompensarlos por su verdadero rendimiento. Es posible que estas conclusiones reflejen un sesgo muestral que exija una mayor cualificación y competencia a las mujeres que a los hombres para ser elegidas como líderes, pero no podremos estar seguros de ello hasta que se elimine dicho sesgo.

En resumidas cuentas, no se puede negar que el camino de las mujeres hacia los puestos de liderazgo está sembrado de obstáculos; entre otros, un techo de cristal muy grueso. Pero hay otro problema mucho mayor: la falta de obstáculos para los hombres incompetentes, y nuestra propensión a vincular el liderazgo justamente a los rasgos psicológicos que hacen más inepto como líder al hombre medio que a la mujer media.[8] El resultado es un sistema patológico que recompensa a los hombres por su incompetencia, a la vez que castiga a las mujeres por su competencia, en detrimento de todos.

TOMÁS CHAMORRO-PREMUZIC es director científico de talento de ManpowerGroup, profesor de psicología laboral en el University College de Londres y la Universidad de Columbia y profesor adjunto del Entrepreneurial Finance Lab de Harvard. Ha escrito *Why Do So Many Incompetent Men Become Leaders? (And How to Fix It)* (Harvard Business Review Press, 2019). Síguelo en Twitter @drtcp o en www.drtomascp.com.

Notas

1. Adrian Furnham *et al.*, «Male Hubris and Female Humility? A Cross-Cultural Study of Ratings of Self, Parental, and Sibling Multiple Intelligence in America, Britain, and Japan», *Intelligence*, 30, nº 1, enero-febrero de 2001, pp. 101-115. Amanda S. Shipman y Michael D. Mumford, «When Confidence Is Detrimental: Influence of Overconfidence on Leadership Effectiveness», *The Leadership Quarterly*, 22, nº 4, 2011, pp. 649-655. Ernesto

Reuben *et al.*, «The Emergence of Male Leadership in Competitive Environments», *Journal of Economic Behavior & Organization*, 83, nº 1, junio de 2012, pp. 111-117.

2. The Ohio State University, «Narcissistic People Most Likely to Emerge as Leaders», *Newswise*, 7 de octubre de 2008: cort. as/-KSdj.

3. Sophie von Stumm *et al.*, «Decomposing Self-Estimates of Intelligence: Structure and Sex Differences Across 12 Nations», *British Journal of Psychology*, 100, nº 2, mayo de 2009, pp. 429-442.

4. S. Y. H. Hur *et al.*, «Transformational Leadership as a Mediator Between Emotional Intelligence and Team Outcomes», *The Leadership Quarterly*, 22, nº 4, agosto de 2011, pp. 591-603.

5. Paul T. Costa, Jr., *et al.*, «Gender Differences in Personality Traits Across Cultures: Robust and Surprising Findings», *Journal of Personality and Social Psychology*, 81, nº 2, 2001, pp. 322-331.

6. Blaine H. Gladdis y Jeff L. Foster, «Meta-Analysis of Dark Side Personality Characteristics and Critical Work Behaviors Among Leaders Across the Globe: Findings and Implications for Leadership Development and Executive Coaching», *Applied Psychology*, 64, nº 1, 27 de agosto de 2013.

7. Alice H. Eagly y Blair T. Johnson, «Gender and Leadership Style: A Meta-Analysis», *Psychological Bulletin*, 108, nº 2, 1990, pp. 233-256.

8. A. M. Koenig *et al.*, «Are Leader Stereotypes Masculine? A Meta-Analysis of Three Research Paradigms», *Psychological Bulletin*, 137, nº 4, julio de 2011, pp. 616-642.

Adaptado del contenido publicado en hbr.org
el 22 de agosto de 2013 (producto #H00B50).

14

Las personas menos seguras de sí mismas triunfan más

Tomas Chamorro-Premuzic

En la psicología empresarial, no hay tópico más grande que la idea de que estar muy seguro de uno mismo es clave para triunfar en el trabajo. Va siendo hora de refutar ese mito. De hecho, es más probable que al éxito se llegue teniendo *baja* autoconfianza.

Tras muchos años dedicados a la investigación y a la asesoría de talento, he llegado a la conclusión de que la autoconfianza solo es útil cuando es baja. No *extremadamente* baja. Eso no, puesto que entonces inhibe el desempeño infundiendo miedo, preocupación y estrés, y tarde o temprano puede hacer desistir a la persona; pero sí en el punto justo de escasez que pueda ayudar a reequilibrar los objetivos a fin de que sean (a) más realistas y (b) más alcanzables. ¿Es un problema? ¿Seguro? No todo el mundo puede llegar a ser el consejero delegado de la Coca-Cola, o el próximo Steve Jobs.

Si tu confianza es baja, pero sin llegar a extremos, tendrás más probabilidades de éxito que si fuera alta. Las principales causas son tres:

Una autoconfianza baja hace prestar atención al *feedback* negativo y ser autocrítico. Cautiva de su sesgo optimista, la mayoría de la gente tiende a escuchar el *feedback* positivo e ignorar el negativo; lo cual quizá la ayude a dar una imagen de seguridad, pero en cualquier ámbito de competencia —como la educación, los negocios, el deporte o las artes escénicas— el éxito se compone de un 10% de desempeño y un 90% de preparación, por lo que, cuanto más consciente seas de tus puntos débiles y tus flaquezas, más preparado estarás.

La falta de autoconfianza puede volvernos pesimistas, pero cuando el pesimismo se alía con la ambición, a menudo fructifica en un rendimiento excepcional. Para ser el mejor en algo tendrás que ser tu más severo crítico, lo cual es poco menos que imposible si tu punto de partida es una gran seguridad en ti mismo. Los triunfadores de excepción siempre se caracterizan por su bajo nivel de confianza y autoconfianza, pero practican con ahínco y sin descanso hasta obtener un grado aceptable de competencia. De hecho, el éxito es el mejor remedio ante las inseguridades.

Una autoconfianza baja puede motivarte para trabajar y prepararte más. Si te tomas en serio tus metas, la desconfianza en tus capacidades será un incentivo para que te esfuerces al máximo. De hecho, la falta de confianza solo es desmotivadora para quien no se toma sus metas en serio.

A la mayoría de la gente le gusta la idea de ser excepcional, pero no tanto como para hacer lo necesario para conseguirlo. Son mayoría los que quieren estar delgados y sanos, ser atractivos y tener éxito, pero pocos los dispuestos a ponerlo todo de su parte para conquistar esas metas; lo que sugiere que en el fondo no lo quieren tanto como creen. Como observó el mítico Paul Arden (exdirector creativo de Saatchi & Saatchi), «"Quiero" significa: si lo quiero bastante, lo conseguiré. Conseguir lo que se quiere comporta tomar las decisiones que hay que tomar para obtener lo que se quiere». Si de verdad quieres lo que dices querer, tu falta de seguridad en ti mismo te hará esforzarte aún más para lograrlo, porque será un indicador de discrepancia entre tu meta deseada y tu situación actual.

Una autoconfianza baja reduce las posibilidades de parecer prepotente o de engañarse. Aunque vivamos en un mundo que alaba a quienes se alaban a sí mismos —desde Donald Trump hasta Lady Gaga, pasando por la última estrella de los *realities*—, ya nadie discute las consecuencias del orgullo desmedido. Según Gallup, más del 60% de los empleados están descontentos con su trabajo o lo aborrecen, y la causa más frecuente es un jefe narcisista. Si los directivos

fueran menos prepotentes, no habría tantos empleados que dedican sus horas de trabajo a Facebook, au-
mentaría la productividad y bajarían los índices de
rotación.

La falta de autoconfianza no solo reduce el riesgo
de parecer prepotente, sino el de engañarse. Las personas con poca autoconfianza tienden a reconocer
más fácilmente sus errores —en vez de culpar a los
demás—, y casi nunca se atribuyen méritos ajenos.
Podría decirse que es la principal ventaja de la falta
de autoconfianza, en la medida en que nos hace ver
que dicha falta no solo puede conducir al éxito individual, sino al de las organizaciones y las sociedades.

En suma, que si te tomas en serio tus metas, la falta
de autoconfianza puede ser tu mejor aliada para con-
seguirlas. Te hará esforzarte más, te ayudará a gestionar tus limitaciones y evitará que seas un malvado,
un iluso, o ambas cosas a la vez. Por tanto, va siendo
hora de refutar el mito: ni estar muy seguro de sí

mismo es una suerte, ni estarlo poco es una maldición. Más bien lo contrario.

TOMAS CHAMORRO-PREMUZIC es director científico de talento de ManpowerGroup, profesor de psicología laboral en el University College de Londres y la Universidad de Columbia, y profesor adjunto del Entrepreneurial Finance Lab de Harvard. Ha escrito *Why Do So Many Incompetent Men Become Leaders? (And How to Fix It)* (Harvard Business Review Press, 2019). Síguelo en Twitter @drtcp o en www.drtomascp.com.

Adaptado del contenido publicado en hbr.org
el 6 de julio de 2012 (producto #H0092K).

Índice

Índice

Índice

Índice

Índice

Notas

Notas

Notas

Notas

Guías Harvard Business Review

En las **Guías HBR** encontrarás una gran cantidad de consejos prácticos y sencillos de expertos en la materia, además de ejemplos para que te sea muy fácil ponerlos en práctica. Estas guías realizadas por el sello editorial más fiable del mundo de los negocios, te ofrecen una solución inteligente para enfrentarte a los desafíos laborales más importantes.

Monografías

Michael D Watkins es profesor de Liderazgo y Cambio Organizacional. En los últimos 20 años ha acompañado a líderes de organizaciones en su transición a nuevos cargos. Su libro, **Los primeros 90 días**, con más de 1.500.000 de ejemplares vendidos en todo el mundo y traducido a 27 idiomas, se ha convertido en la publicación de referencia para los profesionales en procesos de transición y cambio.

Las empresas del siglo XXI necesitan un nuevo tipo de líder para enfrentarse a los enormes desafíos que presenta el mundo actual, cada vez más complejo y cambiante.

Este libro presenta una estrategia progresiva que todo aquel con alto potencial necesita para maximizar su talento en cualquier empresa.

Publicado por primera vez en 1987 **El desafío de liderazgo** es el manual de referencia para un liderazgo eficaz, basado en la investigación y escrito por **Kouzes** y **Posner**, las principales autoridades en este campo.

Esta sexta edición se presenta del todo actualizada y con incorporación de nuevos contenidos.

¿Por qué algunas personas son más exitosas que otras? El 95 % de todo lo que piensas, sientes, haces y logras es resultado del hábito. Simplificando y organizando las ideas, **Brian Tracy** ha escrito magistralmente un libro de obligada lectura sobre hábitos que asegura completamente el éxito personal.

Crear un equipo y un entorno donde la gente pueda desarrollar bien su trabajo es el mayor reto de un líder, a quien también se le exige que mejore el rendimiento de su equipo a través de un liderazgo innovador. **La Mente del Líder** ofrece importantes reflexiones y puntos de vista que nos muestran el camino a seguir para que todo esto suceda.

Enfrentar el cambio radical que provocará la IA puede resultar paralizante. **Máquinas predictivas** muestra cómo las herramientas básicas de la economía nos dan nuevas pistas sobre lo que supondrá la revolución de la IA, ofreciendo una base para la acción de los directores generales, gerentes, políticos, inversores y empresarios

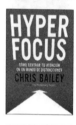

Nuestra atención nunca ha estado tan sobrecargada como lo está en la actualidad. Nuestros cerebros se esfuerzan para realizar múltiples tareas a la vez, mientras ocupamos cada momento de nuestras vidas hasta el límite con distracciones sin sentido.

Hyperfocus es una guía práctica para manejar tu atención: el recurso más poderoso que tienes para hacer las cosas, ser más creativo y vivir una vida con sentido.

Make Time es un manifiesto encantador, una guía amigable que nos ayudará a encontrar la concentración y la energía en nuestro día a día.

Se trata de dedicar tiempo a lo realmente importante fomentando nuevos hábitos y replanteando los valores adquiridos fruto de la actividad frenética y de la distracción.

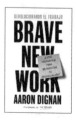

La obra de **Aaron Dignan** es una lectura obligada para todos aquellos interesados por las nuevas formas de trabajo. Un libro del todo transgresor que nos explica exactamente cómo reinventar nuestra forma de trabajar, dejando atrás los clásicos sistemas jerárquicos verticales, y potenciando la autonomía, la confianza y la transparencia. Una alternativa totalmente revolucionaria que ya está siendo utilizada por las startups más exitosas del mundo.

**Solicita más información en
revertemanagement@reverte.com
www.revertemanagement.com**